뇌과학자가 알려주는
내향인의 성공 비결

뇌과학자가 알려주는
내향인의
성공 비결

초판 1쇄 인쇄 2025년 1월 20일
초판 1쇄 발행 2025년 1월 27일

지은이 니시 다케유키
옮긴이 박수현
펴낸이 김요셉
책임편집 김요셉
디자인 보통스튜디오
펴낸곳 이사빛
등록 제2020-000120호
주소 서울특별시 서대문구 간호대로 11-31 102호
대표 전화 070-4578-8716
팩스 02-6342-7011
ISBN 979-11-986029-3-0 (03190)
내용 및 집필 문의 2sabit@naver.com

※책값은 뒤표지에 표시되어 있습니다.
※파본이나 잘못된 책은 구입하신 곳에서 바꿔드립니다.

뇌과학자가 알려주는

내향인의
성공 비결

내향형의 강점을 살려
성공적인 인생을 살아가는 방법

박수현 옮김

니시 다케유키 지음

이사빛

☺ 인생의 성공이란 무엇에서 비롯될까?

갑작스럽지만 퀴즈를 하나 내겠다.

당신의 눈앞에 '재능이 있는 사람'과 '성격이 좋은 사람'이 있다면 누가 성공할 확률이 높을 것 같은가?

일반적으로 생각하면 "당연히 성격보다 재능 아니겠어요." 그렇게 대답하고 싶어지는 사람이 많지 않을까. 얌전해서 눈에 띄지 않고 '성격이 좋은 사람'은 어딘가 손해 보기 쉽다는 인상을 받는 일도 많을 것이다.

하지만 나는 "재능과 성격 중에 어느 쪽이 중요한가요?"라고 수없이 질문받을 때마다 항상 이렇게 대답한다.

"수입 등 장기적인 성공에 영향을 주는 것은 '재능'보다 '성격'이에요."

그렇다.

사실 전 세계에서 이루어진 수많은 조사 결과에서도 인생의 성공은 '재능'이 아닌 '성격'에 더 큰 영향을 받는다는 사실이 증명되고 있다.

예전에는 연구할 때 성공을 위해서는 '성격'보다 '재능'이 중요하다고 여기며 '재능을 어떻게 키울 것인가?', '지능을 높이려면 어떻게 해야 하는가?'에 초점을 맞추었다.

실제로 성격이 좋은 사람은 다른 사람에게 이용당해서 좋은 결과를 내기 어렵다는 연구 결과도 있었다. 한편, 단연 우수한 성과를 올리고 있는 사람들을 조사해 보자 그중에는 '성격이 좋은' 사람이 압도적으로 많다는 사실도 밝혀졌다.

나는 오랫동안 잘 되는 사람과 그렇지 않은 사람의 차이를 연구하고 있다.

육아부터 비즈니스, 스포츠에 이르기까지 '세계적으로 성공한 사람의 메커니즘'을 조사하는 회사를 세워 그동안 16여 년에 걸쳐 연구해 왔다. 전 세계에서 발표되는 논문을 조사하는 과정에서 '장기적인 성공에는 성격이 더 큰 영향을 미친다'는 사실을 알 수 있었다.

다음은 그 일례를 보여 주는 그래프다.

세상에서 가장 유명한 재능 중 하나로 알려진 IQ지능지수가 삶의 각 영역에서 어떠한 영향을 미치는지를 나타낸 그래프다.

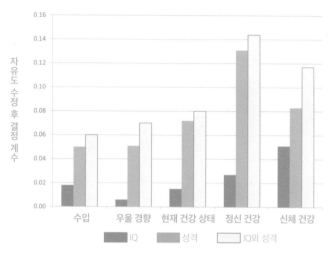

출처 : Borghans L, et al., 2016, Vol.113(47), p.13354-13359

　가장 왼쪽의 '수입'을 보면 예상을 뒤엎은 결과에 놀라지 않을까. 'IQ'보다 '성격'에 무려 약 2.5배에 이르는 영향을 받는다는 사실을 알 수 있다. 게다가 IQ와 성격을 모두 합쳐도 점수는 거의 그대로다.

　마찬가지로 그 옆에 늘어선 '우울 경향', '건강 상태', '정신건강'과 같은 분야에서도 '성격'이 재능보다 압도적으로 큰 영향을 미친다. 즉, 재능보다 '성격'이 그 사람의 경제 상태와 심신 건강 등 인생의 성공에 있어서 굉장히 중요한 역할을 했다는 말이다.

지금까지 세상 사람들은 '머리가 좋은 사람IQ가 높은 사람일수록 우수하며 출세하기 쉽다.'라고 생각했을 것이다. 당연하다. 지능이 높아야 일도 빠르며 창의적인 아이디어를 내거나 논리적으로 생각할 수 있다. 어차피 머리 좋은 사람은 당해 낼 수 없어…. 그런 체념과도 같은 감정을 품은 사람도 많지 않을까.

그러나 사실은 '높은 지능'이 아닌 '성격'이야말로 큰 무기가 될 수 있다고 한다면 어떨까. 물론 높은 지능과 재능 모두 중요하지만, 극단적으로 말하면 '성격'에도 승산이 있다는 말이다.

☺ '성격에 관한 상식'을 차례로 뒤엎는 최신 뇌과학 연구

최근 연구를 통해 '성격'에 관한 상식이 뒤엎어지며 많이 달라지고 있다.

가령 다음과 같은 사실들이 밝혀졌다.

- 내향형은 학습 의욕이 높고 체력이 좋다.
- 내향형은 혼자서 살아남는 서바이벌 능력이 뛰어나다.
- 밝은 내향형이 존재한다.
- 태어날 때와 죽을 때의 성격은 마치 다른 사람 같을 정도로

시작하며

다르다.

- 얌전한 사람이라고 해서 반드시 낯을 가리지는 않는다.

- 외향성과 사교성은 다르다.

- 내향형, 외향형을 넘어서는 제3의 성격이 존재한다.

- 성격은 성과에 영향을 준다.

- 성격은 전염된다.

- 자신의 의사에 따라 성격을 리셋할 수 있다.

나열된 문장들만 보면 '정말 그렇다고?' 하는 의문이 들 수도 있다.

나도 과학자이기에 처음에는 똑같은 의문을 느꼈다. 나 역시도 예전에는 얌전한 성격이어서 '다른 사람에게 자신의 의견을 말하지 못하거나', '사람들 앞에서 말하는 것이 불편하고', '낯을 가리는' 동시에 '완벽주의자'이자 '과대망상으로 우울해지는' 등 많은 고민이 있었다.

그러나 30대 초반에 어떤 일을 겪으면서 이러한 성격이 전부 바뀌는 경험을 했다.

그리고 강연회 등을 통해 그동안 2만 명이 넘는 사람들의 성격을 이 원리와 방법을 이용하여 바꾸는 데 일조했다. 많은 사람의 삶이 점차 더 나은 방향으로 바뀌는 것을 실감한다.

중요한 것은 '얌전한 성격'도 성공하기 위한 요소 중 하나라는 사실이 차차 드러나고 있다는 점이다.

어렸을 때 '얌전하다'라는 말을 듣고 기분 나빴던 사람이 많지 않을까. 말한 사람에게 악의가 없더라도 '얌전하다'라는 말에는 어딘가 부정적인 울림이 담겨 있다. '내향적'이라는 의미를 내포한 경우가 많기 때문이다. '외향적'인 성격으로 고민하는 사람은 본 적이 없다. 사회적으로도 '내향적'인 성격은 좋지 않다는 인식이 있지만 '내향적'인 성격에도 장점이 많다.

세계적인 대부호 일론 머스크, 《해리 포터》시리즈의 작가 J.K. 롤링, 애플 공동창업자 스티브 잡스, 천재 과학자 알버트 아인슈타인, 세계적인 음악가 에드 시런, 에이브러햄 링컨 대통령, 영화감독 스티븐 스필버그 등 세계적인 위인으로도 불리는 많은 성공가가 어렸을 때는 내향적인 성격이었다. 혼자서 깊은 생각에 잠기기를 좋아해서 따돌림을 당하는 일도 많았다. 그러나 그들은 어느 시점에 자신을 성장시키고 자신의 장점을 유지한 채 세상으로 나올 수 있었다.

이 책에서는 최신 뇌과학 연구를 통해 밝혀진 '얌전함의 진실'과 다양한 '성격을 리셋하여 성장하는 방법'을 소개한다. 또한 스스로 성격을 바꾸는 '존 체조™' 입문편도 소개한다.

성격 연구의 아버지라고도 불리는 하버드대학교의 심리학자 고든 올포트가 '성격이란 어떤 상황에서 몇 번이고 반복되는 사고 패턴'이라고 정의했듯이 성격이란 매일의 반복으로 이루어진다.

자신의 성격 때문에 스트레스를 받고 있다면, 본래의 성격이 어떻게 만들어졌는지, 원인이 어디에 있는지를 자문하며 읽기 바란다.

다만 이 책에서 소개하는 모든 방법을 실천할 필요는 없다. 자신에게 잘 맞을 것 같은 방법, 간단해 보이는 방법부터 따라 해 보고 자신과는 맞지 않는 듯하면 다른 방법으로 바꾸어도 된다.

'자신의 성격이 싫다' 그렇게 느낀다면, 여러분은 정말 괴로운 인생을 보내고 있을 것이다. '성격은 태어나면서부터 정해져 있다'라는 편견 때문에 '나는 평생 이런 성격으로 살아야만 하나' 싶어 절망적인 기분이 들 수도 있다.

내가 이 책을 집필하고자 마음먹은 이유는 이러한 '성격'에 얽힌 수많은 상식과 편견으로 인해 겪는 괴로움을 조금이나마 덜어 내는 데 도움이 되고 싶었기 때문이다.

인간은 '90세까지 뇌의 신경세포가 계속 늘어난다'고 한다. '태어날 때와 죽을 때의 뇌는 마치 다른 사람 같을 정도로 다르다'라는 연구 결과도 있다.

당신의 성격은 성장하면서 바뀔 수 있다.

나 역시 성격이 크게 바뀐 사람 중 한 명이다.
뇌의 메커니즘을 이해하고 훈련하기만 하면 '이상적인 성격'이 될 수 있다.

과학적인 방법으로 성격을 바꾸고 성공을 향한 길을 나아가기 위한 안내서로써 이 책을 활용해 준다면 더할 나위 없이 기쁠 것이다.

뇌과학자 니시 타케유키

목차

1 장 '내향형'과 '외향형' —진정한 자신은 어느 쪽일까?

2 장 얌전한 성격에 감추어진 대단한 힘

3 장 '소극적이지만 우수한 사람'이 하는 것

'공포 학습'과 '쾌감 학습'이 성격을 만든다

5^장 이상적인 자신이라는 환상을 리셋한다

6^장 '사람'과 '환경'과 '행동'이 당신을 바꾼다

7장

1분 만에 답답한 기분이 사라지는 '존 체조™'

1 장

'내향형'과 '외향형' —진정한 자신은 어느 쪽일까?

사진을 어떻게 보는지만 봐도
당신을 알 수 있다

잠시 다음 사진을 보자.

그림 1 PH / ADOBE STOCK

당신은 이 사진 속에서 무엇을 보았는가?

실은 뇌 연구를 통해 그 사람의 성격에 따라 같은 사진에서도 전혀 다른 곳을 본다는 사실이 밝혀졌다.

- 소녀나 동물의 얼굴을 중심으로 본 사람 → 외향성이 높다
- 얼굴뿐만 아니라 경치도 본 사람 → 내향성이 높다

'그런 것으로 알 수 있다고?' 싶겠지만, 미국 소크 연구소의 인지신경과학팀에서 사람 얼굴과 꽃 사진을 보여 주고 사람들이 어디에 관심을 보이는지를 알아보는 재미있는 실험을 했다.

그 결과 외향성이 높은 사람일수록 사람 얼굴을 봤을 때 뇌가 크게 반응했다. 한편, 내향성이 높은 사람은 사람 얼굴보다 꽃 사진을 봤을 때 큰 관심을 나타내는 뇌파가 더 많이 나타난다는 사실을 알 수 있었다.

일반적으로 '외향성이 높은 사람은 사람을 매우 좋아한다.' 그런 이미지가 있는데, 뇌과학이 이를 실증한 셈이다. 내향적인 사람 중에는 사람들과 함께 있기보다 혼자 있기를 더 선호하는 사람이 많은데, 이는 그 사람의 가치관 문제가 아니라 본래 내향형 뇌가 외향형 뇌보다 사람의 얼굴에 관심이 없기 때문이었다.

내향형에 관한
생각이 달라지고 있다

　얌전한 성격을 흔히 '내향성', '내향형'이라고도 표현하는데. 애초에 '내향적인 성격'이란 대체 어떤 것일까?

　'내향성'의 반대를 '외향성'이라고도 부른다. '어둡다', '밝다'라고 표현하기도 하고, 최근에는 아웃사이더, 인사이더의 줄임말인 '아싸'와 '인싸'라는 인터넷 속어를 사용하기도 한다. 내향형은 성격이 별로 밝지 않을 것 같다고 생각하는 사람도 있지 않을까.

　최근에는 '예민보스'로 통하는 매우 예민한 사람HSP, Highly Sensitive Person이라는 말도 자주 볼 수 있다.

　그러나 최근 들어 이러한 내향형에 관한 생각이 상당히 달라지고 있다.

　자세한 내용은 제2장에서 다시 다루겠지만, 그중에서도 우
수한 영업사원에 관한 조사를 통해 밝혀진 다음 사실이 세상
을 놀라게 했다.

'외향형'과 '내향형' 중 어느 쪽이 우수한 영업사원이 될 수 있을까?

영업 분야에서는 내향형인 사람이 외향형인 사람보다 압도적으로 불리하다고들 한다. 내향적이고 얌전한 사람은 자신의 의견을 분명하게 말하지 않고 낯을 가린다는 이미지가 있기 때문이다.

실제로 외향형은 뛰어난 커뮤니케이터나 리더가 되기 쉽고, 리더로서 두각을 나타내기도 쉽다는 사실이 연구 결과로도 나타났다.

외향성이 있는 사람은 화려하고 눈에 띄다 보니 아무래도 내향형인 사람은 그 그늘에 가려진 것처럼 보인다.

그래서 펜실베이니아대학교 연구팀은 우수한 영업사원들

의 성격 유형을 실제로 조사해 보았다. 이때 '외향형', '내향형'의 두 가지로만 분류하지 않고 최근에 주목받고 있는 제3의 성격도 도입해 보았다. 바로 '외향형'과 '내향형' 두 가지 모두를 가진 '양향형'이라는 성격이다.

연구팀은 콜센터 판매원 340명을 '외향형', '내향형', '양향형'의 세 가지 그룹으로 나누어 어떤 성격 유형의 영업 성적이 가장 높은지를 분석해 보았다. 그러자 다음과 같은 결과가 나왔다.

1시간당 매출
1위 : 양향형 → 132% (151.38달러)
2위 : 내향형 → 110% (126.8달러)
3위 : 외향형 → 100% (114.96달러)

놀랍게도 많은 사람의 예상을 뒤엎고 '외향형'이 3위로 꼴찌를 기록했다.

반대로 '내향형'은 외향형보다 약 10%나 높은 매출을 올렸으며, 가장 높은 성적으로 1위를 차지한 '양향형'은 외향형과 비교하여 무려 약 32%나 높은 매출을 달성했다.

'내향형'과 '외향형' —진정한 자신은 어느 쪽일까?

외향성이 높은 사람은 사람을 좋아하고, 항상 에너지가 넘치며, 말도 많이 하고 이야기도 잘하는 경향을 보인다. 그러나 영업 분야에서는 너무나도 열의가 넘치는 적극적인 태도 때문에 고객이 부담스러워하는 일도 생기는 모양이다. 게다가 외향형은 자신의 관점에서 사물을 생각하기 때문에 고객에게 좋지 않은 인상을 주는 경향을 보인다는 사실도 밝혀졌다.

우리는 아무리 이야기를 잘하더라도 적극적으로 상품이나 서비스를 권하는 사람에게 불신감을 느낄 수 있다. 그래서 상품을 구매하려는 의욕이 줄어들며 매출도 떨어지지 않았을까.

한편 내향성이 높은 사람은 소극적인 면이 있다. 강매하지 않고 상대방의 이야기를 잘 듣는다. 문제가 생겨 고민하면 부담스럽지 않은 선에서 필요한 것을 제안해 준다.
그래서 외향형보다 내향형인 사람에 대한 고객의 신뢰도가 높아지면서 매출도 늘어난 것으로 보인다.

실제로 보험 영업 분야에서도 제공하는 정보보다 상대방에게 얼마나 친절하게 대하는지에 따라 보험 계약 수, 수입, 목표량 달성률이 올라가거나, 상대의 신뢰를 얻어 과감한 계약 건도 따내기 쉬워지는 것으로 밝혀졌다. 내향형은 고객에게 안심감과 신뢰를 주는 것으로 보인다.

그리고 최강인 존재는 외향성과 내향성을 모두 가진 '양향형'이다.

양향형 사람들은 상대방에게 필요한 정보를 적극적으로 줄 뿐만 아니라 상대방의 이야기도 잘 들어 준다. 도움이 되는 정보와 안심감을 동시에 주면서 금세 고객과 두터운 신뢰 관계를 쌓는다. 상품이 가진 장점보다 신뢰 관계가 상품 구매 결정에 두 배나 큰 영향력을 미친다는 사실도 보고되었다. 양향형은 신뢰 관계를 소중히 다루면서 정보를 줌으로써 더욱 매출을 늘리는 것으로 보인다.

나도 직업상 보험이나 자동차를 판매하는 우수한 영업사원들과 만나는 일이 많은데, 상품을 강매하지 않고 필요할 때 필요한 정보를 제공해 주어 안심하고 어울릴 수 있는 사람이 많다는 인상을 받는다. 때로는 상품과 전혀 관계없이 음식점을 추천해 주거나 자녀가 다닐 학교를 소개해 주는 등 생활에도 도움이 될 만한 정보를 제공해 주기 때문에 더욱 신뢰감을 느끼게 된다. 전혀 화려하지는 않아도 성실함이 느껴진다.

내향형은 지금까지 눈에 띄지 않는 존재로 여겨져 왔다. 하지만 내향형과 양향형 사람들이 비즈니스 분야에서도 활약 중이라는 사실이 점차 밝혀지고 있다 자세한 내용은 제3장에서도 다루겠다.

우수한 운동선수 열 명 중
아홉 명이 내향형이라고?

비즈니스뿐만 아니라 스포츠 분야에서도 내향형과 양향형 성격이 주목받고 있다.

세계적으로 활약하는 일류 운동선수는 매우 쾌활하고 에너지가 넘치며 카리스마가 있어 아무리 봐도 외향적으로밖에 보이지 않을 수도 있다. 하지만 올림픽 금메달리스트인 데이비드 헤머리가 운동선수들을 대상으로 조사하자 다음과 같은 결과가 나왔다고 한다.

'우수한 운동선수 중 89%가 내향적이었다.'

덧붙여 자신이 외향적이라고 하는 선수는 6%밖에 없었으며, 나머지 5%는 중간이라고 답했다고 한다.

이 결과를 처음 들었을 때는 상상했던 바와 달라서 정말 놀랐다.

그러나 잘 생각해 보면, 스포츠는 자기 관리와 연습이 중요한 데다 기술 향상과 전략 등은 자기 마음과의 싸움이기도 하다. 특히 테니스와 골프, 수영, 육상 등 개인 경기에서 그러한 성질이 더욱 두드러진다. 프로 축구 선수들을 맡게 되었을 때 침착한 사람이 많다는 인상을 받았다.

플로리다주립대학교의 연구 결과에서도 일류 바이올리니스트 중 90%가 '혼자서 하는 연습'을 가장 중요하게 여기는 것으로 나타났다고 한다. 자신과 마주하는 능력은 내향형이기에 가능한 일이라고도 할 수 있겠다.

메이저리그에서 맹활약 중인 오타니 쇼헤이 선수가 고등학교 1학년 때부터 목표 달성 시트 '만다라 차트'를 작성했었다는 이야기는 유명하다.

시트에는 '분위기에 휩쓸리지 않는다', '인사하기', '쓰레기 줍기' 등 언뜻 보기에 야구와 관계없는 듯한 목표도 세세하게 적혀 있었다고 한다. 이렇게까지 세세하게 마음의 습관에 관해 쓸 수 있었다는 말인즉슨, 어떠한 때 사람의 마음이 움직이고 자신의 성과로 이어지는지를 분석하는 전형적인 내향형 재능이 있었다고 볼 수 있다.

오타니 선수의 보험 담당자이자 그가 일본에서 뛰던 시절의 모습을 아는 지인에게 우연히 들은 이야기에 따르면, 그는 유명 선수임에도 불구하고 화려한 생활을 하지 않고 성실하게 지냈다고 한다. 외향성이 높은 사람은 화려한 생활을 하는 경향을 보이는 데 반해 착실한 생활은 내향성이 높은 사람이 보이는 특징이기도 하다.

그에게 선천적으로 야구 재능이 있었다고 볼 수도 있다. 하지만 자신을 마주하며 자신의 약점을 파악하고, 인내심을 가지고 개선할 점과 마주하는 '내향적인 성격'이 있었기에 '초일류 영역'에까지 이르렀는지도 모른다.

진정한 당신을
알 수 있는 성격 진단

우리의 뇌는 성격에 아주 많은 관심이 있는 모양이다. 해외에서 이루어진 연구를 통해서도 사람 얼굴을 보거나 행동에 관한 글을 읽기만 해도 무의식적으로 어떤 성격인지 상상하는 것으로 밝혀졌다.

우리는 본인이 자신을 가장 잘 안다고 생각하지만, 의외로 자신을 속속들이 완전히 이해하고 있는 사람은 많지 않다.

뇌는 한 번 굳게 믿으면 자신이 이미 가진 선입견과 가설을 긍정하기 위해 자신에게 편리한 정보만 모으는 경향이 있다. 이를 '확증 편향'편향이란 한쪽으로 치우친 사고방식이나 뇌의 버릇이라고 하며, 어떤 성격을 한 번 의식하면 역시 자신은 그렇구나 하고 성격에 대한 인식을 더욱 굳힌다.

그래서 객관적으로 '내향형', '외향형', '양향형'의 세 가지 유형을 쉽게 알 수 있는 획기적인 진단법을 준비했다.

펜실베이니아대학교에서 발표한 이론을 바탕으로 필자가 독자적으로 개발한 진단법이다. 20가지 질문에만 답하면 여러분의 '진짜 성격'을 알 수 있다.

당신의 성격을
알 수 있는 20가지 질문

    방법은 간단하다. 다음 질문에 5점 만점으로 점수를 매긴다. '매우 그렇다'라고 생각할 때는 5점, '그렇다'는 4점, '어느 쪽에도 해당하지 않는다'는 3점, '그렇지 않다'는 2점, '전혀 그렇지 않다'는 1점으로 매긴다.

    이성적으로 너무 깊이 생각하면 결과가 부정확해질 수 있으므로 무심하게 이쯤에 해당하나 싶은 답을 감각적으로 탁탁 고르며 점수를 매겨 보자.

1 | 패션에 관심이 있다.

2 | 자신은 쉽게 이해받지 못한다.

3 | 다른 사람과 거리를 두는 편이다.

4 | 자신을 별로 드러내지 않는다.

5 | 친구를 쉽게 사귄다.

6 | 사회적 지위나 돈에 관심이 없다.

7 | 열정적이지 않다.

8 | 행복할 때 감정을 드러낸다.

9 | 다양한 것을 즐긴다.

10 | 잘 웃는다.

11 | 혼자 있는 시간이 좋다.

12 | 피곤할 때는 다른 사람과 함께 있으면 힘이 난다.

13 | 다른 사람에게 영향을 줄 만한 능력은 없다.

14 | 다른 사람의 마음을 끄는 방법을 안다.

15 | 다른 사람이 이끌어 주기를 기다린다.

16 | 자신은 좋은 리더다.

17 | 다른 사람에게 지시할 수 있다.

18 | 자기 의견을 드러내지 않는다.

19 | 행동이 빠른 편이다.

20 | 자기주장을 못 하는 유형이다.

다음 표에 점수를 적어 보자.

위의 간이 테스트에서는 '내향형', '양향형', '외향형'의 세 가지 유형 중 자신이 어느 것에 해당하는지를 알 수 있다.

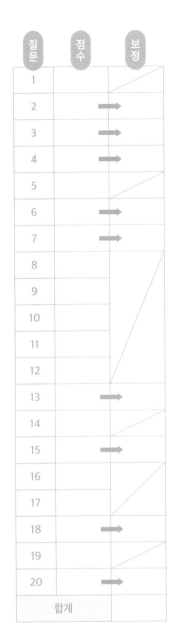

질문	점수	보정
1		
2	→	
3	→	
4	→	
5		
6	→	
7	→	
8		
9		
10		
11		
12		
13	→	
14		
15	→	
16		
17		
18	→	
19		
20	→	
합계		

【채점 방법】

① 2, 3, 4, 6, 7, 13, 15, 18, 20번 질문
은 점수를 반대로 계산한다.

예 : 1점 → 5점, 2점 → 4점, 3점 → 3점,
4점 → 2점, 5점 → 1점

② 1~20번 질문의 점수를 합산한다.

결과는 다음과 같다.

- 20점~60점 → 내향형
- 61점~76점 → 양향형
- 77점~100점 → 외향형

◎19점 이하라면 제2장에서부터 설명하듯이 신경성이 높을 가능성이 있다.

자, 결과는 어떠했는가? '생각했던 대로였어.' 하는 사람도 있는가 하면, '내향형인가 싶었는데 양향형이었네.'라고 하는 사람도 있을 수 있다. 혹은 '외향형'이었다고 하는 사람도 있을 것이다. 어느 것이 되었든 자신의 유형을 알면 이 책을 활용하는 방법도 달라진다. 먼저 당신이 어떤 유형인지 파악해 보자.

그리고 몇 달에 한 번씩 정기적으로 진단하기를 권장한다. 자신의 성격이 얼마나 변화했는지 확인할 수 있기 때문이다.

캐나다 맥길대학교의 칼 무어 부교수가 연구한 바에 따르면 인구의 약 40%가 내향형, 40%가 외향형, 20%가 양향형이었다고 한다.

낯가림은 세 가지 성격으로
이루어져 있다

이번 진단에서 '내향형', '양향형'이었던 사람은 외향성이 높은 사람에 비해 내향성이 높다고 할 수 있다.

필자도 직업상 다양한 사람과 만나는데, "저는 내향적이어서 낯을 가려요."라는 말을 자주 듣는다. 그러나 연구를 통해 내향적인 사람이라고 해서 반드시 낯을 가리지는 않는다는 사실이 밝혀졌다.

결론을 말하기 전에 먼저 '낯가림'이란 무엇인지를 알아보겠다.

낯가림은 전문 용어로 '샤이니스shyness'라고 한다. 일반적으로 사람들 앞에서 긴장하거나 자기 의견을 말하지 못하는 사람들이다.

전 세계 사람들에게 '수줍어하는 성질'이 있으며 약 31~55%의 사람이 자신은 '낯을 가린다'고 느낀 경험이 있다고 한다.

낯가림을 하면 얼굴을 붉히거나 땀을 흘리고, 쉽게 두근거리며, 대인관계나 업무상에 지장을 받거나, 머릿속이 생각으로 가득 차는 경향을 보인다. 다른 사람들에게 어떻게 보이는지 신경 쓰며, 새로운 사람과 교류하는 것도 별로 내켜하지 않는다. 메일이나 인터넷을 이용한 커뮤니케이션을 선호하지만, 강한 고독감을 느끼는 일도 많다고 한다.

이것만 보면 역시 낯을 가리는 사람은 내향적인 사람이 아닌가 싶을 것이다. 그러나 연구를 통해 낯가림은 크게 세 가지 성격이 동시에 존재했을 때 비로소 만들어지는 '성격'이라는 사실이 밝혀졌다.

낯가림 = '내향성이 높고' + '신경성이 높고' + '우호성이 높은' 종합적인 성격

즉, 내향성이 높다고 해도 자꾸 부정적인 면을 보게 되는 '신
경성'이 낮고, 다른 사람에게 맞추는 '우호성'이 낮으면 낯을
가리지 않는다는 말이다.

세상에는 수없이 망상하더라도 '이런 일이 일어나면 좋겠
다.' 하고 긍정적인 생각을 하는 내향형 사람들_{신경성이 없는 내향형}
이 존재한다. 망상하기를 좋아하지만, 그다지 주변 일을 신경
쓰지 않고 자기만의 길을 가는 내향형 사람_{우호성이 낮은 내향형}도
있다.

사실 이러한 사람들은 내향성이 강해도 낯을 별로 가리지
않는다.

미국의 조너선 칙 교수는 전 세계의 내향형 사람들을 조사
하여 크게 네 가지 유형이 존재한다는 사실을 밝혀냈다. 이 네
가지 유형을 알면 내향형이라고 해서 반드시 낯을 가리지는
않는다는 것을 알 수 있다.

내향형을 네 가지로 분류한 'STAR' 모델

① 사교계 내향형

밝은 내향형이다. 집단행동은 하지만 순수하게 혼자 있기를 좋아하는 사람들이어서 혼자 캠핑을 하거나 음식점에서 혼자 식사해도 아무렇지도 않은 사람들이다. 마음이 통하는 소수의 사람과 행동하기를 선호한다. 신경성이 별로 없는 내향형 유형이다.

② 사고思考계 내향형

자신이 좋아하는 것에 관해 이야기할 때만 즐거워 보이고 밝아지는 내향형이다. 이 유형은 자신의 내적인 면에 강한 관심을 보이기 때문에 하나의 일을 끝까지 파고드는 사람들이다. 연구자나 과학자, 장인 기질을 가진 사람에게서 쉽게 찾아볼 수 있다. 매우 내성적이고 사려 깊은 사람이다. 신경성이 낮고, 우호성도 그다지 없는 내향형 유형이다.

③ 불안계 내향형

신경질적인 내향형이다. 긍정적인 것보다 부정적인 것에 쉽게 눈길이 가서 다른 사람의 눈치를 보게 되고, 낯선 상황에서 긴장하거나, 혼자가 되면 불안감을 느끼는 사람들이다. 자의식이 강하며 수줍음이 많고 낯을 가리는 사람에게 많은 유형이다. 신경성이 높고, 주변 사람들에게 맞추는 우호성도 높은 내향형이다. 흔히 '예민보스'라고 부르는 HSP^{Highly Sensitive Person, 매우 예민한 사람}인 사람들도 이 불안계 내향형인 사람이 많다.

④ 억제계 내향형

겁은 많아도 주변 일을 신경 쓰지 않고 자기만의 길을 가는 유형이다. 행동으로 옮기기까지 시간이 걸리는 유형이다. 즉흥적인 생각을 싫어하며 차분히 계획을 세우고 행동한다. 분위기를 파악하지 않은 채 스스로 생각을 정리한 후에 이야기하려고 해서 주변 사람들에게 짜증을 유발하기도 한다. 신경성이 높고, 우호성이 낮은 내향형이다.

내향형인 사람은 성격이 어두울 것 같지만, 전혀 그렇지 않다. ① 사교계 내향형, ② 사고계 내향형인 사람들은 사물을 긍정적으로 받아들이는 성격을 가진 사람들이어서 밝은 내향형이라고도 한다.

조직에 속해도 무리 짓기를 좋아하지 않고 혼자서 일하지만, 모두와 사이좋게 지내는 사람을 본 적이 없는가? 그 사람이 바로 ① 사교계 내향형에 해당한다.

나 역시 대학원에서 연구하던 시절에 ② 사고계 내향형인 사람을 많이 보았다. 이런 유형인 사람은 차분하며 묵묵히 연구한다. 일이 끝나면 바로 귀가하고, 사람들과 잘 어울리지 않는다. 하지만 연구에 관해 이야기할 때, 즉 자신이 좋아하는 것에 관해 이야기할 때는 굉장히 즐거워 보인다. 이러한 사람은 장인이나 수집가 등 하나의 일에 깊이 파고들기를 좋아하는 사람에게서 쉽게 찾아볼 수 있다.

세상에는 '성격이 얌전한 사람은 낯을 가린다'는 인식이 있다.
고객 중에는 "저는 외향적이지 않아요. 쉽게 낯을 가리고,

많은 사람들 앞에서는 긴장하게 돼요. 얌전한 성격을 바꾸고 싶어요."라고 말하는 사람도 있다.

이러한 고민을 하는 것이 ③ 불안계 내향형 유형이다. 내향적인 성격에 더해 부정적인 데 초점을 맞추는 '신경성'이라는 전혀 별개의 성격 특성이 높고, 덧붙여 주변 사람들에게 맞추는 '우호성'이라는 성격이 높은 경향이 있어서 주변 일에만 신경 쓰게 되는 유형이다. 상대방은 아무 말도 하지 않았는데 자신을 나쁘게 생각하는 것은 아닌가? 하고 제멋대로 망상에 바지는 사람들이다.

④ 억제계 내향형은 우호성이 낮아서 다른 사람의 일에는 별로 관심이 없다. 질문을 받아도 주위를 신경 쓰지 않고 자기만의 세계에 빠져 생각에 잠기는 사람이 있다. 이런 사람은 그리 낯을 가리지 않는다.

즉, 낯가림이란 ③ 불안계 내향형에 특화된 사람들이다.

여기서 중요한 것은 사람을 고민하게 만드는 것이 '내향성'이 아닌 '신경성'이라는 점이다. 이에 관해서는 제2장 이후에도 다루겠지만, 신경성은 유전적인 영향이 약 46%를 차지하며, 반 이상이 후천적인 영향을 받아 형성된다는 사실이 행동

유전학 및 뇌과학 연구를 통해 밝혀졌다.

　희소식은 수많은 연구를 통해 높은 신경성을 후천적인 자극으로 낮출 수 있다는 사실이 증명되었다는 점이다. 다음 그래프에도 나타나 있듯이 외향성과 신경성, 우호성과 같은 성격은 태어난 후에 받은 환경의 영향이 반 이상을 차지함을 알 수 있다.

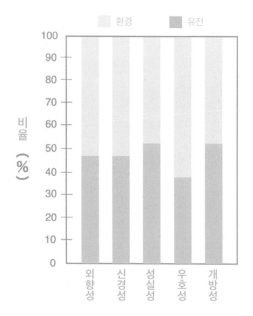

신경성을 포함한 성격은 후천적인 환경의
영향도 크다

출처 : Bouchard, Thomas J. et al., 2003, Plomin R, et al., 2016, van den Berg, S. et al., 2014, Ando, et al., 2004, 2011을 참고하여 작성

필자 역시 예전에는 사람들 앞에서 이야기할 때면 두근거리거나 얼굴이 붉어지고, 초면인 사람을 대하는 것이 불편해서 낯을 가리기도 했지만, 덕분에 지금은 전혀 그러지 않게 되었다. TV와 라디오 방송에 출연하는 일도 많아졌는데, 스스로 믿기지 않을 정도로 긴장되지 않아서 놀랄 때가 있다.

'내향형'과 '외향형' —진정한 자신은 어느 쪽일까?

2장

얌전한 성격에
감추어진 대단한 힘

내향성을 이해하는 것이
행복해지는 열쇠

제1장에서는 내향형에 관한 상식이 깨지고 있다고 이야기했다.

게다가 최근 연구를 통해 매우 중요한 진실이 밝혀졌다.

바로 내향성과 얌전한 성격 때문에 고민하던 사람이 자신의 성격을 이해하고 '나는 그런 성격이구나.'라고 인정하면 행복도가 높아진다는 사실이다.

더불어 자신에 대해 다면적으로 해석하는 사람일수록 스트레스를 적게 받는다는 해외 연구 결과도 나왔다(전문 용어로 '자기 복잡성 완충 작용'이라고 한다).

예로부터 여러 가르침에서도 '자신을 인정하는 것이 중요하다.'라고 했는데, 과학적으로도 사실로 밝혀진 셈이다.

그러면 이번 장에서는 얌전한 성격 때문에 고민해 온 사람들을 위해서 '내향성이란 도대체 무엇일까?'를 중심으로 설명하겠다. 이번 장만 읽어도 자신을 달리 받아들이게 되는 사람이 나오지 않을까.

가장 오래된 성격 연구는 고대 그리스 시대까지 거슬러 올라가지만, '내향성'이란 말은 세계적인 심리학 거장 중 한 명으로 꼽히는 칼 구스타브 융이 처음으로 제창하였다. 최근에는 세계적으로 과학적 검증을 거치며 가장 발전해 온 다섯 가지 성격 이론빅 파이브 이론에 따라 내향형 사람들에 관한 연구가 이루어지고 있다.

지금까지 전 세계에서 성격을 분석한 논문은 미국 국립보건원의 데이터베이스에 수록된 것만 해도 9만 편이 넘는다.

연구자들이 각자 독자적인 이론을 제창하면서도 서로 영향을 받으며 발전했기에 성격은 다양하게 정의된다. 하지만 그중에서도 '빅 파이브 이론'에는 뇌과학 연구도 포함된다.

우리를 구성하는
다섯 가지 성격 유형

빅 파이브 이론이란 세계 각 나라의 문화나 환경과 관계없이 최소한의 다섯 가지 요소로 성격을 표현하면서 탄생하였으며, 다음과 같은 독립적인 '다섯 가지 성격'으로 구성된다.

1 외향성Extraversion

2 신경성Neuroticism

3 성실성Conscientiousness

4 우호성Agreeableness

5 개방성Openness

각각의 앞 글자를 따서 OCEAN^{오션}이라고도 한다.

보다시피 위의 다섯 가지 성격 중에 '내향성'이라는 요소는 없다. 그럼 '내향적인 성격'이란 무엇인가 하면 바로 1 '외향성'의 점수가 낮은 사람을 말한다. '외향성'이 높으면 '외향형', 낮으면 '내향형'인 셈이다.

성격은 '외향성'과 '내향성' 요소뿐만 아니라 다른 네 가지 성격의 조합으로 복잡하게 융합되어 이루어진다. 부정적인 데 초점을 맞추는 '신경성', 부지런하게 꾸준히 노력하는 '성실성', 주변 사람들에게 맞출 줄 아는 '우호성', 그리고 새로운 것에 큰 흥미를 느끼는 '개방성'이 조합되어 사람의 성격이 정해진다.

외향성이라고 하면 많이들 좋은 면만 상상하지만, 최근 연구 결과에 따르면 외향성이 높으면 비행을 저지르기 쉬워지거나, 음주량이 많아 중독이나 의존증이 되기 쉽다고 한다.

성격은 단순히 좋고 나쁘다고 단정지을 수 없으며 상황에 따라 다면성을 띤다.

다섯 가지 성격만 가지고 표현할 수 없는 성격도 일부 존재
한다는 사실을 보여 주는 사례도 있지만, 현재 우리의 대략적
인 성격을 가장 잘 표현할 수 있는 성격 이론으로 꼽힌다.

'내향성'에 얽힌
네 가지 잘못된 상식

　'내향적인 성격'이라고 하면 일반적으로 좋지 않게 보는 경향을 보이며, 인생에서 성공하는 데 걸림돌이 된다고 생각하는 사람도 많은 것 같다. 어른뿐만 아니라 사교성이 없어 혼자서만 노는 아이의 장래를 걱정하는 부모도 많지 않을까.

　그러나 최근에 내향성은 결코 나쁜 것이 아니며 다양한 이점도 있다는 사실이 점차 증명되고 있다. '내향적인 성격을 고치고 싶다'라고 하는 사람이 많은데, 내향적인 성격이어도 문제 될 것 없는 예도 있다.

　최근 연구를 통해 밝혀진 내향성에 관련된 네 가지 비상식을 차례로 살펴보면서 내향적인 성격에 관한 진실을 알려주겠다.

잘못된 상식 ① : 내향적인 사람은 약하다

'얌전한 사람은 몸과 마음이 약하다.' 이는 내향형에 관한 잘못된 이미지다.

내향적인 사람은 무기력하다는 인상을 받을지도 모르지만, 실은 완전히 정반대다. 수많은 조사를 통해 오히려 에너지가 높다는 사실이 밝혀졌다.

외향적인 사람들에게 물어보면 대부분 "다른 사람들과 함께 있으면 힘이 나요."라고 말한다. 사람들과 함께 있으면서 대화를 나누거나 격려받으며 다른 사람으로부터 힘을 얻을 수 있기 때문이다. 다른 사람과 이어짐으로써 에너지를 충전한다고도 할 수 있겠다. 어떻게 보면 스스로 에너지를 만들어 내지 못하기에 다른 사람들로부터 에너지를 받아 기운을 회복하는 사람들이다.

그러나 내향적인 사람들은 기운을 회복하고 싶을 때 혼자서 느긋하게 지내거나 방에서 좋아하는 일을 하는 편이 더 힘이 난다고 말한다. 내향형 뇌는 자기 혼자서 에너지를 만들어 낼 수 있어서 좋아하는 일을 하기만 해도 기운을 회복할 수 있기 때문이다.

혀 위에 레몬즙을 떨어뜨리고 침이 얼마나 나오는지 알아보는 실험을 했더니 내향형인 사람은 외향형인 사람보다 무려 50%나 더 많은 침이 나왔다.

즉, 내향형 뇌에는 아주 약한 자극에도 강하게 반응할 수 있는 많은 에너지가 있다는 말이다. 18~27세의 젊은 사람들을 대상으로 한 조사 결과에서도 내향성이 높은 사람은 외향형인 사람보다 생리학적 대사 능력이 30%나 높았다고 보고되었다.

혼자서는 에너지를 생산할 수 없는 외향형과 달리 평소 뇌의 각성 수준이 높은 내향형은 혼자서도 즐길 수 있는 많은 에너지를 가졌음이 과학적으로 점차 증명되고 있다.

'내향형'의 강한 면모에 관한 흥미로운 조사 결과가 하나 더 있다.

바로 '내향형은 고독에 강하다'는 것이다.

다음 그래프를 보자.

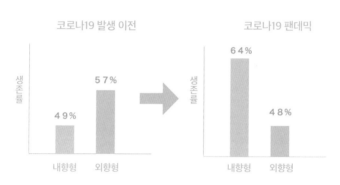

팬데믹 기간 중 내향형의 생존력 변화

코로나19 발생 이전   코로나19 팬데믹

출처 : Glei DA & Weinstein M. 2022의 데이터를 일부 개편

이는 미국 조지타운대학교에서 신종 코로나바이러스가 발생하기 전1995~2020년 2월과 코로나19 팬데믹 기간2020년 3~12월의 생존율을 비교 조사한 결과를 나타낸 그래프다. 25~85세를 대상으로 내향적인 사람과 외향적인 사람 중 어느 쪽이 생존력이 강한지 조사했다.

그래프를 보면 알 수 있듯이 코로나19가 발생하기 전에는 외향적인 사람의 생존율이 57%로, 내향적인 사람보다 높게 나타났다.

하지만 코로나19 팬데믹 기간에는 정반대의 결과가 나왔다. 내향적인 사람의 생존율이 64%로 훨씬 높아진 데 반해 외향적인 사람의 생존율이 낮아졌다.

현재 여러 가지 가설이 있는데, 그중 하나는 외출 제한이 걸리며 사람을 만날 수 없게 된 환경 속에서 외향적인 사람은 에너지를 회복하지 못한 채 살아갈 의욕이 떨어지지 않았을까 추측하고 있다.

자숙하는 분위기가 이어지며 재택근무가 일상이 되고, 술자리와 여행도 제한되는 가운데 다른 사람과의 접촉을 통해 에너지를 회복하는 외향형은 스트레스가 쌓이면서 면역력도 떨어졌을지 모른다.

반대로 혼자서도 에너지를 생산할 수 있는 내향형은 아무도 만나지 못하더라도 스트레스를 쉽게 받지 않는 경향을 보인다. 집에서 혼자 편안한 나날을 보내게 되었다는 사람도 있지 않았을까. 내향형에게는 고독한 환경에서도 살아갈 힘이 있다.

그리고 우주정거장과 남극 관측소 등 폐쇄적이고 극도의 고독에도 견딜 수 있는 사람들을 연구한 결과, 내향성이 높을 뿐만 아니라 사회적인 교류를 즐길 수 있는, 이른바 '양향형'인 사람이 최강이라는 사실도 밝혀졌다. 브리티시컬럼비아대학교의 심리학자들은 이런 사람들을 '사교적인 내향형'이라고 부른다. 역시 외향적인 성격만 가지고서는 고독을 견디기 어려운 모양이다.

잘못된 상식 ② :
조용한 사람은 의견이 없다

내향적인 사람에게는 자기 의견이 없다는 것 또한 내향적인 성격에 대한 잘못된 생각이다.

확실히 말수가 적고 입을 다물고 있거나 적극적으로 발언하는 모습도 보이지 않아 언뜻 보기에는 자기 의견이 없는 것처럼 보일 수도 있다.

그러나 뇌 연구 결과들을 보면 내향형은 외향형인 사람보다 깊이 생각하는 능력이 뛰어나다는 사실이 점차 드러나고 있다. 이는 실제로 내향형인 사람의 뇌를 스캔해서 밝혀진 사실이다. 다음 그림에서 진한 색으로 표시된 부분은 내향형인 사람의 뇌에서 발달한 부분을 나타낸다. 뇌에는 회백질이라고 불리는 신경 세포가 밀집한 부분이 있다.

내향형인 사람은 전전두엽 피질의 약 3분의 1을 차지하는 위이마이랑superior frontal gyrus/중간이마이랑middle frontal gyrus과 우측 두정 접합부TPJ:Temporoparietal Juncion의 회백질이 더 두꺼웠다.

내향형인 사람의 뇌에서 발달한 부분

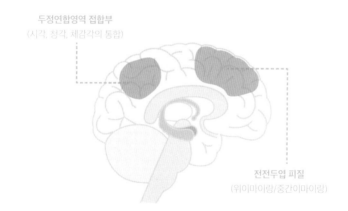

여기는 깊은 사고와 반성, 행동 억제, 사회적인 감정 처리 등을 관장하는 곳이다. 즉, 내향형 뇌가 더욱 깊이 생각하는 능력이 더 뛰어나다는 것을 의미한다. 한편 외향적인 사람은 이러한 피질이 얇은 점으로 보아 별로 깊이 생각하지 않은 채 일단 행동하고 보려는 경향이 있을 것으로 생각된다.

내향적인 사람과 외향적인 사람의 뇌 혈류량을 조사한 다른 연구 결과에서도 내향형인 사람은 전전두엽 피질과 시상전부의 혈류량이 많았다고 한다.

특히 전전두엽 피질은 계획을 세우거나 학습에 관한 논리적 사고도 관장한다. 외향성이 높은 사람은 모호하게 말하는 경향을 보이는 데에 비해 내향성이 높은 사람은 구체적으로 말하는 경향을 보이는데, 이는 어쩌면 전전두엽 피질의 발달 차이에서 비롯되었을지도 모른다.

흔히 내향성이 특히 강한 사람을 '오타쿠'라고 부르기도 하는데, 자신이 좋아하는 피겨나 아이돌, 철도 이야기가 나오면 전문 용어를 줄줄이 나열하며 유창하게 말하는 그들의 모습을 본 적이 없을까? 이는 바로 전전두엽 피질이 발달했다는 증거일 수도 있다.

게다가 외향성이 높은 사람은 술자리에서 술을 주문할 때

"아무거나 괜찮으니 요리에 어울리는 맛있는 와인 있나요?"
하고 모호하게 묻는 경향이 있다. 한편, 내향성이 강한 사람은
"풀바디로 밸런스 좋은 레드 와인 있나요?"와 같이 묻는 경우
가 많다.

외향형보다 '전전두엽 피질'이 발달한 내향형의 특징으로
깊이 있는 사고를 꼽을 수 있다. 외향형은 모호하게 이야기하
고 내향형은 구체적으로 이야기하는 데에도 다 이유가 있었다.

그래서 외향형인 사람은 좋든 나쁘든 너무 깊이 생각하지
않는 경향을 보인다. 반대로 '뭐, 됐어!' 하고 금세 기분 전환할
수 있는 점은 외향형이 가진 이점이다. 외향형은 행동으로 옮
기는 뇌 부분운동 피질의 처리가 빨라서 시원시원하게 행동할 수
있다는 특징도 있다.

내향형은 행동으로 옮기는 처리는 느리지만, 외부로부터
얻은 정보를 내부에서 처리하는 속도가 빨라서 움직이기 전에
여러 가지로 깊이 생각한다는 특징이 있다.
이는 '깊은 사고력 및 통찰력'이라는 장점이 될 수도 있다.

한편으로 외향성이 높은 사람들의 뇌에서 발달한 부분에 관

한 연구도 진행되고 있다. 구체적으로는 다음과 같은 부분이 활성화되기 쉽다는 사실을 밝혀냈다.

외향성이 높은 사람 → 도파민 보상 체계가 쉽게 활성화된다.

즉, 외향형은 외적 보상에 대해 민감하게 반응해서 도파민이 분비되며 강한 쾌감을 느끼기 쉬운 사람들이다. 부자가 되고 싶다, 사회적인 지위를 얻고 싶다, 신분 상승하고 싶다, 명품 등 고급품과 서비스를 매우 좋아한다, 이성에게 인기를 얻고 싶다 등 외적 보상에 더욱 큰 매력을 느끼기 쉬운 유형이라고도 할 수 있겠다.

한편, 내향성이 높은 사람은 외적 보상이 있어도 강한 쾌감을 느끼지 않기 때문에 돈이나 지위와 명예, 물욕 등에 그리 흥미를 보이지 않는 편이다.

내향형은 선물을 받아도 격한 반응을 보이지 않지만, 그렇다고 해서 기쁘지 않다는 말은 아니다. 무척 기뻐하기보다 담담하게 기뻐하는 느낌이랄까? 만약 내향성 100%인 사람이 존재한다면, 긍정도 부정도 아닌 중립적인 정신 상태에 가깝다고 할 수 있겠다.

잘못된 상식 ③ :
내향적인 사람은 행복하지 않다

흔히 내향형은 우울해지기 쉽고, 부정적인 사고를 하기 쉽다고들 말한다.

그러나 내향성 자체는 긍정도 부정도 아닌 중립에 가까운 상태여서 부정적인 사고의 근본적인 원인이 되지 않는다는 사실이 밝혀졌다.

다음 그래프를 보자.

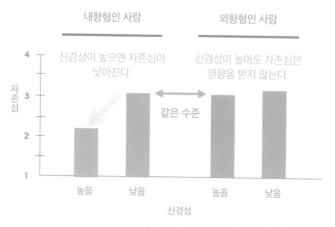

자신감의 수준과 신경성

내향형인 사람   외향형인 사람

신경성이 높으면 자존심이   신경성이 높아도 자존심은
낮아진다.   영향을 받지 않는다.

같은 수준

신경성

출처 : Fadda D & Scalas LF., 2016의 데이터를 일부 개편

자존심에 대해 1,173명을 조사한 데이터인데, 내향형인 사람도 신경성이 낮으면 외향성이 높은 사람과 비슷한 수준의 자존심을 가지고 있다는 사실을 알 수 있다. 자존심이란 자신을 존경하는 수준을 말하며, 소위 자신감에 가까운 심리상태다. 그러나 내향형인 사람은 신경성이 높으면 자존심이 뚝 떨어진다. 반면에 외향성이 높은 사람은 신경성이 높아도 자존심에는 별다른 영향을 미치지 않는 듯하다.

즉, 내향형이어도 외향형인 사람과 같은 수준의 자신감을 가질 수 있다는 의미다.

임전한 성격에 감추어진 대단한 힘

가장 큰 문제는 내향성이 아닌 신경성이었다. 부정적인 사고를 하게 되는 데는 '신경성' 성격이 크게 관여한다는 사실도 점차 밝혀지고 있다.

잘못된 상식 ④ :
얌전한 사람은 일이 서툴다

앞장에서도 이야기했듯이 영업 분야에서는 의외로 내향형과 양향형인 사람이 높은 매출을 기록한다는 사실을 알 수 있었다. 비즈니스에서 활약하는 내향형인 사람들에 관해서는 3장에서도 다루겠지만, 얌전한 사람들이 성공하는 데 빠질 수 없는 성격 요소가 한 가지 더 있다.

바로 조금씩 착실하게 노력하는 높은 '성실성'이다.

얌전한 사람에는 '내향성'이 높은 사람뿐만 아니라 '성실성이 높은' 사람도 다수 포함된다.

성실성이란 성과가 나올 때까지 인내심을 가지고 계속 노력할 수 있는 자기 통제 능력이 높은 것을 말한다. 설령 지금 하고 싶은 일이 있더라도 미래를 위해 자신을 억누르고 중요한 일에 에너지를 쏟을 줄 안다. 화려하게 결과를 팍팍 내놓기보다는 착실하게 앞으로 나아가는 유형이며, 이러한 사람들도 '얌전한 사람' 가운데 흔히 볼 수 있다.

이처럼 '성실성'은 눈에 잘 띄지 않는다. 하지만 미국의 레이 배릭 교수 등이 다양한 직업에서 성공을 거두는 데 어떤 성격이 관계되는지를 조사한 결과 의외의 결과가 나왔다.

놀랍게도 빅 파이브의 다섯 가지 성격 중에서도 상당한 확률로 '성실성'이 일에서 성공하는 데 관련되어 있었다. '성실성'이 높으면 성공적인 경력을 쌓을 수 있을지를 마치 예언하듯이 예측할 수 있다는 연구 결과도 있다.

스포츠 분야에서도 흔히 존zone 플로 상태에 들어간다고 말하는데, 이처럼 최상의 상태가 될 때도 성실성이 관련된다. 플로flow, 몰입 상태가 되면 집중력과 신체적인 성능이 높아져 무엇을 해도 잘 되는 상태가 된다. 즉, 비즈니스나 스포츠 등 모든 분야에서 좋은 결과를 내기 쉬워진다. 이때 긴장을 푸는 것도 중요하지만, 그렇다고 너무 풀어지면 플로 상태에 들어가기 어려워지는 모양이다.

다만, 성실성이 너무 높으면 긴급하게 결단을 내려야 할 때 시간이 너무 오래 걸리거나, 규칙 준수를 고집한 나머지 혁신이 일어나기 어려워지는 단점에 관해서도 보고된 바 있다. 과유불급까지는 아니더라도 무엇이든 과하면 좋지 않고 적당한 균형이 중요하다는 말이 아닐까.

덧붙여 '얌전한 성격'에 포함되는 이 성실성이라는 성격은 어릴 적부터 길러 주어야 한다.

갖고 싶은 것을 참지 못하고 요란하게 날뛰는 아이를 종종 볼 수 있는데, 이런 아이는 자신의 기분을 제어하는 능력성실성 이 낮다.

사실 그런 아이는 어른이 되어서도 그다지 풍요로운 인생을 보내지 못하는 경우가 많은 것으로 드러났다.

미국 듀크대학교에서 아이들 1,000명을 30년 동안 추적 조사한 연구 결과에서도 어릴 때의 자기 통제 능력이 32세가 되었을 때의 경제 상태 및 사회적 지위와 관계가 있다는 사실이 밝혀졌다.

참지 못하던 아이들은 어른이 되어서도 그런 경향을 보였으며, 충동을 억제할 수 없어 일도 하지 않고 도박에 빠지거나, 그중에는 범죄나 마약에 손을 대는 사람도 많았다. 다른 연구 결과에서도 실업, 노숙자, 약물 의존과 범죄율에 성실성이 관련되어 있었다고 한다.

인내심을 가지고 과제를 수행하거나, 충동과 욕망에 넘어가지 않고 착실히 노력할 수 있는 사람일수록 인생이 잘 풀리기 쉽다는 사실을 알 수 있었다.

게다가 성실성은 초등학교 저학년의 산수와 읽기 능력 시험 성적까지도 높이는 듯하다. 중학생을 대상으로 조사한 결과를 보면 학년말 성적뿐만 아니라 출석률, 전국 표준 학력평가 성적에도 비례하는 것으로 나타났다. 분노 감정을 잘 조절하는 아이일수록 지능이 높은 경향도 보인다고 한다.

여담이지만, 부부 관계에 관한 조사 결과에서도 성실성이 높은 파트너가 있는 사람은 연 수입이 많아졌다는 사실이 드러났다. 게다가 일에 대한 만족도도 높으며, 결혼 생활도 충실하여 풍요로운 인생을 보내고 있었다고 한다.

성실성이 높은 사람과 어울리면 연애뿐만 아니라 일에서도 좋은 결과를 낼 수 있다는 의미다. 그리고 자신의 성실성이 높으면 팀의 성과도 높아질 것으로 기대할 수 있다.

"성실하네." 그런 말을 자주 듣는 당신은 결코 야유받는 것이 아니다. 나 역시도 "당신은 성실성이 높은 사람이군요."라고 칭찬받는다고 생각하게 되자 마음이 훨씬 편해지는 경험을 한 적이 있다.

'일 처리가 빠른 사람'이
되고 싶다면
'성실성'을 갈고닦아라

얌전함의 특징이기도 한 '성실성'이 있는 사람은 '일 처리도 빨라진다'는 데이터도 있다.

2019년 플로리다주립대학교에서 다음의 다섯 가지 작업 효율을 높일 때 어떤 성격이 관계되는지를 조사했다.

1. 자신이 경험한 일을 얼마나 떠올릴 수 있는가 에피소드 기억

2. 얼마나 빨리 응답할 수 있는가 속도가 요구되는 실행 기능

3. 공간 인지력

4. 말을 올바르게 사용하는 작업

5. 수적 추리력

그 결과 '성실성'이 높으면 다섯 가지 능력이 모두 올라간다
는 사실이 밝혀졌다.

　외향성과 개방성, 우호성 등과 같은 성격은 부분적으로 작
업 효율을 높이지만, 성실성은 모든 작업 효율을 높이는, 만능
이라고도 할 수 있는 성격이었다.

　즉, 착실하게 수행하고자 하는 자세와 동영상을 보고 싶다
는 유혹을 느꼈을 때 자신의 충동을 제어할 수 있는 능력이 클
수록 일이 빨라진다는 것이다.

　다른 조사 결과에서도 성실성이 높은 사람은 멀티태스킹 효
율이 최대 19% 높아지거나, 자신을 통제하여 계획을 세우거
나, 목표로부터 역산하여 계획을 세우는 데 뛰어나며, 효율적
으로 행동하는 사람이 많다는 사실이 수많은 연구 결과에서
확인되고 있다. 현대 사회에서는 가성비와 시간 효율성이 요
구되는데, 성실함을 갖춘 얌전한 사람이 바로 높은 효율로 일
하는 사람이라는 사실을 의미한다.

　「토끼와 거북이」라는 동화가 있다. 토끼가 바로 눈에 띄는

외향형인 사람 아니겠는가. 엄청난 속도로 보상을 바라며 결승선을 향해 달려간다. 한편 거북이는 '얌전한 사람'이다. 내향형인 데다가 성실성이 높아서 자신의 속도대로 한 걸음씩 확실하게 나아간다.

'얌전한 사람'은 수수해서 눈에 잘 띄지 않는다. 그러나 이 '얌전함'이야말로 궁극적으로 인생 게임을 승리로 이끄는 열쇠가 된다는 사실이 점차 전 세계의 주목을 모으고 있다.

외향성이 있어도
사교적이지 않은 사람들

여기서 '얌전한 성격'을 이해하는 데 중요한 것이 한 가지 더 있다.

바로 외향성은 '사교성'과 다르다는 것이다.

외향성은 어디까지나 외적 보상에 민감하게 반응하여 큰 쾌감을 느끼는 유형이다.

즉, 사회적인 지위나 수입, 사치스러운 생활 등 외적인 것에 큰 쾌감을 느끼기 때문에 외적 쾌감을 얻고자 엄청난 속도로 나아간다. 외향적인 사람은 멋 내기를 좋아하며, 연애와 정사도 좋아하는 사람들이다.

그러나 당신 주변에는 '일에서든 연애에서든 주변 사람을 끌어내리고서라도 올라가는 자기중심적인 사람'이 없었을까? 아무리 외향적이라도 우호성이 낮고 제멋대로 구는 성격인 사람은 주변 사람들을 휘두르기만 할 뿐이어서 사람들이 점점 떠나가는 예도 있다. 결코 진정한 의미로 사람들과 친하게 어울리는 사교적인 사람이라고는 할 수 없다.

사교적이란, '외향성이 높은 + 우호성이 높은' 사람이라고 할 수 있다. 동시에 신경성도 낮으면 주로 긍정적이고 즐거운 대화를 하므로 친구 사귀기도 쉬워진다.

'내향적인 성격을 고치고 싶다.'라는 사람은 많지만, 내향성과 외향성이 포함된 '양향형인 사람'은 대부분 높은 사교성을 갖췄다는 사실이 밝혀졌다.

태어날 때와 죽을 때의 '성격'은 마치 다른 사람 같을 정도로 다르다

2장을 마무리하면서 성격 연구를 통해 밝혀진 중요한 사실에 관해 한 가지 더 이야기하고자 한다.

우리의 성격은 태어나서 죽을 때까지 우리도 모르는 사이에 크게 변화한다는 사실이다.

2016년에 에든버러대학교에서 이루어진 연구 결과에 따르면 '14세와 77세 때의 성격은 마치 "다른 사람"이라고 할 정도로 다르다'는 사실이 밝혀졌다고 한다.

63년에 걸친 이 실험은 성격 연구 역사상 긴 오랫동안 이루어진 연구로도 유명하다. 1950년에 당시 14세였던 남녀

1,208명을 모아 성격을 포함한 여섯 가지 심리 요소인 '자신
감', '인내력', '정서 안정성 신경성의 반대', '성실성', '독창성 개방성',
'성공욕 학습 의욕'에 관하여 질문했다. 그리고 이 사람들을 추적
해서 77세가 되었을 때 똑같은 내용의 설문 조사를 했다.

그 결과 63년이 지난 후 많은 사람의 성격이 청년기 때와는
완전히 달라졌다는 사실이 밝혀졌다.

그런 일은 절대로 있을 수 없다는 생각이 들 수도 있다.
아기 때 툭하면 우는 아이도 있는가 하면 전혀 울지 않는 아
이도 있다. 한 개의 장난감을 가지고 계속 노는 아이도 있고,
금방 질려서 다양한 장난감을 가지고 놀고 싶어 하는 아이도
있다.
이런 모습을 보면 확실히 우리의 성격은 태어날 때부터 이
미 정해진 것처럼 보일지도 모른다.

그러나 이는 아침에 눈을 뜨니 완전히 다른 성격으로 변해
있었다! 같은 이야기가 아니다. 수십 년이라는 기간에 걸쳐 천
천히 변화하기 때문에 스스로는 좀처럼 그 변화를 알아채지
못한다.

흔히 나이를 먹으면서 "성격이 둥글어졌어."라는 말을 듣는 사람도 있는 반면에 "옛날에는 착했는데 이제는 쉽게 발끈하면서 공격적으로 구는구나."라는 말을 듣는 사람도 있다. 이는 실제로 우리의 성격이 스스로 깨닫지 못하는 사이에 변화하고 있음을 의미한다.

성격이 급격하게 변화하는 시기도 있다. 바로 10세부터 20세까지 겪는 청년기다. 이 기간에는 남녀를 불문하고 우호성과 성실성이 급격히 저하되기 쉬운 것으로 나타났다. 이 기간이 바로 사춘기라고 불리는 시기와 일치한다. 중고등학생이 되면서 부모에게 반항하고 싶어지는 것은 이 두 가지 성격이 변화했기 때문인지도 모른다.

IQ와 같은 지능은 유년기일 때 더 쉽게 변화하며 나이가 들수록 변화하기 어려워진다고 하지만, 성격은 죽을 때까지 계속 변화하는 모양이다.

성격을 바꾸는 방법에 관해서는 4장에서부터 다루겠지만, 그 전에 다음 장에서 내향성을 살려 일할 때나 스포츠 분야에서 성공하기 쉬워지는 비밀을 알려 주고자 한다.

3장

'소극적이지만 우수한 사람'이 하는 것

세계적인 성공을 거둔
사람들의 공통점

'성공가'라는 단어를 들었을 때 당신의 뇌리에는 어떤 인물 캐릭터가 떠오를까?

- 카리스마가 있고 많은 사람의 마음을 끄는 능력이 뛰어나다.
- 태양처럼 성격이 밝다.
- 일류 브랜드 정장을 입고 고급 외제차를 타고 다니며 화려한 생활을 한다.
- 행동력이 엄청나고 사람들과 교류하기를 매우 좋아한다.

그런 외향성을 가진 인물을 연상하는 사람이 많지 않을까?

하지만 현대 비즈니스 분야에서 활약 중인 경영자와 일류 크리에이터들을 잘 관찰해 보면, 내향성과 외향성 두 가지 특성을 모두 가진 '양향형' 유형인 사람이 많다는 사실을 알 수 있다.

양향형은 내향성이 공존하여 깊은 사색을 할 수 있는 사람이다. 사람의 마음을 꽉 잡는 말이나, 많은 사람이 공감할 수 있을 법한 명언 등을 자주 말한다.

예를 들면, 세계적인 대부호 워런 버핏, 샤넬 창업자 코코 샤넬, 마이크로소프트 공동창업자 빌 게이츠, 아마존 창업자 제프 베이조스, 애플 공동창업자 스티브 잡스, 유니클로를 세계적인 기업으로 키운 야나이 다다시, 소프트뱅크 창업자 손정의, 이러한 세계적인 경영자들은 모두 전형적인 양향형이다.

그들의 연설을 잘 들어보면 내향적인 면을 가지고 있음을 잘 알 수 있다.

예를 들어, 그들은 이런 말을 남겼다.
"나는 지금까지 줄곧 사람들이 어리석은 짓을 하는 모습을 봤다. 사람들은 복권을 좋아한다. 암호자산은 도박이다. 본질적인 가치는 없지만, 그래도 룰렛을 돌리고 싶은 사람이 있는 것은 어쩔 수 없다. 룰렛을 돌리며 평생을 지내다 보면 돈이 없어진다." 워런 버핏

"나는 사치를 아주 좋아해요. 사치란 돈이 많다거나 요란하게 꾸미는 게 아니라 천박하지 않은 것을 말하죠. 천박함이야말로 가장 추악한 말이에요. 나는 그것과 싸우는 일을 해요." 코코 샤넬

"지금까지 봤던 중에서 가장 뛰어났던 상사를 떠올려 주었으면 한다. 그 사람이 당신을 아끼고 믿는 것을 알기에 최선을 다하고 싶었을 것이다. 사원을 아끼고 믿는다는 것을 보여 주는 가장 좋은 방법 하나는 강한 인내심을 가지는 일이다." 빌 게이츠

"추후 10년 동안 변하지 않을 것은 무엇일까? 두려워해야 할 것은 경쟁사가 아닌 고객이다." 제프 베이조스

"가까이서 보니까 뱃멀미가 나는 겁니다. 100km 앞을 보면 절대 경치가 흔들리지 않습니다. 비전이 있으면 다소의 폭풍

에도 꺾이지 않습니다." 손정의

"앞을 생각하며 '점과 점을 연결'할 수는 없다. 뒤돌아보고 연결할 수 있을 뿐이다. 그렇기에 미래에 어떤 형태로든 '점과 점이 연결될 것이다'라고 믿을 수밖에 없다. 용기, 운명, 인생, 업보, 무엇이든 간에 무언가를 믿는 것. 길을 벗어나도 언젠가 '점과 점이 연결될 것이다'라고 믿음으로써 자신의 마음을 따를 자신감이 생긴다." 스티브 잡스

간단한 문구지만, 사물의 본질을 찌르는 표현이 마음을 확 사로잡는다.

외향성만 높은 유형인 사람에게서는 좀처럼 이러한 심오한 말이 나오지 않는다.

사물을 논리적으로 생각하고 본질적인 말로 바꾸어 언어화한다. 이는 내향형이 잘하는 분야다.

특히 사업을 일으켜 많은 사람을 움직이는 기업가에게는 말의 힘이 반드시 있어야 한다. 그 사람다운 힘 있는 말에 주변 사람들은 끌려 들어가 휘말린다.

일론 머스크의 연설이나 인터뷰 등을 보는 한 그는 전형적인 내향형이다. 해외 방송 인터뷰에서 "저 자신을 겁이 없는 사람이라고 생각하지 않습니다. 오히려 겁이 상당히 많다고 생각합니다."라고 말한 적도 있다.

말수가 적고 얌전한 아이였던 일론 머스크는 어린 시절 주변 아이들에게 괴롭힘을 당해 계속 혼자서 책만 읽었다고 한다. 혼자서 공상 세계에 빠지는 일도 많았다고 하는데, 당시의 그 경험이 지금의 서비스 개발로 이어진 것이 아닐까.

일론 머스크뿐만 아니라 컴퓨터 비즈니스 관련 업계에서 일하는 사람은 대체로 내향성을 가지고 있는 것 같다.

페이스북 창업자 마크 저커버그, 구글 창업자 래리 페이지와 세르게이 브린, 넷플릭스로 억만장자가 된 리드 헤이스팅스…….

그들은 모두 유례없는 집중력을 발휘하여 몇 시간이고 생각에 잠기며 묵묵히 개발을 이어 왔다. 혼자 있는데 강한 내향형의 기질이 없으면 상당히 하기 어려운 작업이다.

내향성은 사회적으로 바람직하지 않다고 인식되는 경우가

많지만, 지능과 천재성에도 관계되며 배우기를 좋아하는 경향도 있다.

좋은 의미에서든 나쁜 의미에서든 깊이 생각하는 것은 내향형의 특징이다.

'깊이 생각하는 것' 그 자체에는 아무런 문제가 없다. 다만, 뇌의 메커니즘을 생각하면 내향형인 사람이 '신경성'도 갖게 되면 큰일이다. '깊이 생각하다'라는 특성을 부정적인 사고에 사용하게 된다.

한편, '깊이 생각하는' 특성을 잘 살려 일할 때 유용하게 쓸 수 있는 것이 '양향형'이다. 너무 강한 신경성을 극복만 하면 더욱 좋은 사회를 만들기 위해 그 능력을 유용하게 사용할 수 있다. 그리고 그런 사람은 눈길을 끌기 때문에 주변 사람들 눈에는 밝고 외향적인 사람으로 비칠 수도 있다.

'그 사람은 언제나 밝은 데다 카리스마도 있고 일도 잘하니 대단해.' 당신이 동경하는 그 사람은 양향형 유형일지도 모른다.

리더십은 구성원에 따라
정해진다

보통 내향형이 가장 불편하게 느끼는 것은 리더 자리를 맡게 되었을 때다. 사람을 움직이기보다 자기 혼자서 일하는 편이 더 빠르고 편하다고 생각하는 경향이 있기 때문이다.

실제로 다른 나라들을 보아도 내향형은 리더십을 발휘할 수 없다고 여겨진다.

2015년 미국의 연구 결과에 따르면 기업 내 매니저들의 내향형 비율은 놀랍게도 겨우 4%밖에 되지 않는다고 한다. 즉, 관리직의 96%는 외향형이라는 셈이다.

예전에는 주변 사람들을 거침없이 이끌고 가는 외향형 리더가 더 자주 눈에 띄었을 것이다. 외향형은 이야기를 잘하고, 밝으며, 회의에서도 곧잘 주목받아 뛰어난 커뮤니케이터나 리더가 되기 쉽다고 알려져 있다. 연구자들 사이에도 '좋은 리더란 외향형이다'라는 선입견이 있어 내향형 리더의 성과가 간과되어 온 역사가 있다.

이러한 과거의 사실만 두고 보면 확실히 외향형이 리더에 더 적합하지 않은가 싶을 수도 있다. 그런데 최근에 의외의 사실이 판명되었다.

"외향형과 내향형, 어느 쪽이 리더에 더 적합한지는 '구성원의 유형'에 따라 정해진다"는 것이다.

구체적으로는 다음과 같은 결과가 나왔다.

• 수동적인 구성원이 많다. → 외향적인 리더가 우위
• 적극적인 구성원이 많다. → 내향적인 리더가 우위

상사의 명령에 따르는, 이른바 군대 같은 하향식 조직의 경우에는 외향형 리더가 더 적합하다.

한편, 적극성이 넘쳐 자발적으로 움직이는 데 뛰어난 구성원이 많은 경우에는 사실 이것저것 지시하지 않는 내향형 리더가 더 바람직하다. 그 확연한 차이가 드러난 결과였다.

내향형의 특기는 뒤에서 다른 사람을 도와주는 것이다. 자신이 앞에 나서서 모두를 힘껏 끌고 가기보다는 각자에게 일을 맡겨 그 사람의 능력을 끌어내는 데 더 적합하다.

지금 리더십 연구에서 세계적으로 주목받는 '서번트 리더십종속하는 봉사형 리더십'과도 통한다.

서번트 리더십이란 위에서 아래로 명령하는 하향식 리더십과 달리 리더가 팀원들에게 필요한 것을 제공하며 구성원의 의욕을 끌어내는 상향식 리더십을 말한다.

최근에는 젊은 사람들이 쉽게 회사를 그만두어 종종 뉴스에 나오기도 한다. 가치관이 다양해진 현대에서 가치관을 억지로 강요하는 기존의 하향식 리더십은 젊은 사람들이 지닌 가치관의 자유를 빼앗아 의욕이 떨어뜨리기 때문이다.

자신이 앞에 나서서 적극적으로 행동하는 데 강한 외향형의 특기는 하향식 리더십이다.

하지만 의욕이 있고 스스로 생각하기를 좋아하는 적극적인 구성원은 그 환경에 불편함을 느끼며 팀과 조직 전체의 사기도 떨어지게 된다. 한편, 앞에 나서기를 좋아하지 않는 내향형은 주변 사람들이 활약할 수 있도록 뒤에서 지원하는 데 더 강하다.

사람의 마음을 울리는 말을 할 줄 아는 내향형은 팀원의 의욕을 자연스럽게 고취시키는 역할에 적합하다.

한 가지를 깊이 있게 끝까지 파고들려는 내향형은 비즈니스를 비롯한 스포츠, 예술 분야에서 일류 선수나 장인으로서 활약할 수 있지만, 팀을 이룬다면 후방에서 지원하는 감독이나 프로듀서와 같은 위치가 본래의 힘을 발휘하는 데 더 적합하다고 할 수 있다.

아시아의 속담에 '소심한 사람이 호쾌한 사람을 부순다.'라는 말이 있는데, 정말로 얌전한 사람은 적극적인 팀을 이끄는 데 강한지도 모르겠다.

물론 내향형이 무리하면서까지 리더가 될 필요는 없지만, 내향형은 리더로서도 좋은 결과를 낼 가능성이 다분하다는 말이다.

여기에 외향성도 갖춘 양향형인 사람은 수동적인 구성원과 적극적인 구성원 모두에게 더 큰 영향을 줄 수 있어 훌륭한 리더십을 발휘할 수 있지 않을까.

직장 환경에 따라서도
성공하기 쉬운 성격이 달라진다

리더십과 마찬가지로 특정 분야에서 성공하기 위해서는 그 분야마다 성공하는 데 필요한 성격이 다른 것 같다.

8,458명을 대상으로 한 조사 결과에서도 '우호성'이 요구되는 일에서는 '우호성'이 있는 사람의 수입이 더 많은 경향을 보였다. 한편 '개방성'이 요구되는 직종에서는 '개방성'의 점수가 높은 사람의 연 수입이 더 많은 경향을 보였다.

연구직이나 장인과 같이 주위에 맞추기보다 높은 독자성이 요구되는 직장에서는 다른 사람에 너무 맞추려고만 드는 사람 우호성이 지나치게 높은 사람은 성공하기 어렵다는 의미다.

사람은 자신에게 맞는 장소에 있어야 비로소 꽃을 피울 수 있다는 말이 아닐까.

뇌는 가치관보다
행동을 중시한다

한편, 리더를 맡게 된 내향성이 높은 사람은 피하는 편이 좋은 상황도 있다. 바로 긴급성이 요구되는 상황이다. 이때는 외향형 리더가 더 유리하다.

예를 들어, 재해가 발생하여 피난 지시를 내려야 한다, 회사가 도산할 위기에 놓였다… 등 긴급하게 즉각적인 대응이 필요할 때는 외향형 리더가 능력을 발휘한다. 차분하고 조용한 내향형이 말하기보다는 외향형이 열의를 담아 정말 긴급한 일이라고 호소하는 편이 사람들도 쉽게 움직여 줄 것이다.

그렇지만 내향적인 사람이 진두지휘해서 긴급 상황에 대처

해야 하는 상황도 있다.

그럴 때는 필요에 따라 '외향적인 행동'을 함으로써 외향형 리더와 같은 수준의 효과를 발휘할 수 있다는 퀸즐랜드대학교의 연구 결과도 있다.

큰 소리를 내거나 몸짓과 손짓을 평소와 달리하는 등 일시적으로 '외향형' 가면을 쓰고 그럴싸한 태도만 취해도 주변 사람들에게 영향을 줄 수 있다고 한다.

우리의 뇌는 리더에게 감응할 때 마음보다 그 사람의 행동을 중시하는 경향을 보인다. 따라서 '한 번 말한 것은 반드시 실천하기'가 리더십에 가장 효과적인 방법의 하나라고 할 수 있겠다.

조용한 리더가
직면한 벽

고독에 강하며 부하가 스스로 생각할 수 있도록 하는 데 뛰어난 내향형 리더는 외향형 리더가 많은 가운데 당연히 스트레스를 느끼는 일도 있다.

플로리다애틀랜틱대학교에서 리더십을 연구하는 로즈 셔먼 교수는 내향적인 사람이 리더가 되었을 때 있었던 다음과 같은 일화를 이야기했다.

한 직원이 조직의 매니저 직책으로 승진했다. 처음에는 불안했지만 새로운 환경에 익숙해지자 직원들과 함께 즐겁게 일할 수 있어 기뻤다.

그런데 어느 날 갑자기 상사에게 불려 가서 이런 말을 들은 것이다.

"자네는 사회성이 부족해. 매일 팀원들과 카페에 가서 점심을 먹도록 해."

이 말을 들은 그 매니저는 상당히 충격을 받았다고 한다. 혼자 식사하기를 매우 좋아하는 그가 일하는 동안 유일하게 휴식을 취할 수 있는 소중한 시간이었기 때문이다.

조용하게 혼자 있기를 좋아하는 자신이 정말 리더 자리에 어울리는지 다시 생각하게 되었다는 이야기다. 내향적인 사람은 외향적인 사람들이 그린 이상적인 세상 속에서 살아간다. 그렇기에 다른 사람들과 비교하며 자신에게 적합하지 않은 일이라고 느끼기도 한다. 그러나 결코 내향성이 있는 사람이 리더에 적합하지 않다는 말은 아니다.

내향적인 사람은 깊이 생각하고 구체적으로 말한다. 그리고 외향적인 사람보다 상대방의 이야기를 잘 들어 주며 얕은 곳이 아닌 깊은 곳에 주목한다. 사람들의 중심에 서는 데 관심이 없으며 온화하여 다른 사람에게 편안함을 준다.

미국의 연구 결과에서도 내향성이 있는 리더는 회사의 프로젝트가 계획 단계에 있을 때 힘을 발휘한다고 보고되었다. 전체적으로 넓게 보며 방향성에 대해 깊이 생각하는 능력이 뛰어나다고 할 수 있겠다.

겉으로 잘 드러나지는 않아도 내향형인 사람은 고독감에 강하고, 위험이나 관리 문제에 대해 더욱더 창조적이고 주의 깊은 일면이 있다. 따라서 후방에서 지원하는 방식을 따르면 내향성을 살려 더욱 쉽게 성공을 거둘 수 있다.

태곳적부터 지구상에는 '장로長老'라는 형태의 리더가 존재했다. 침착하고 전체적으로 넓게 보며 말을 건네 사람들을 움직이는 그 모습은 바로 내향형이 따라야 할 리더십의 모습인지도 모른다.

'얌전한 사람'도 부하를
움직이는 세 가지 방법

　필자는 그동안 비즈니스부터 스포츠 분야까지 아우르며 내
향성을 가진 리더들을 연구해 왔다.

　WBC월드 베이스볼 클래식에서 일본 팀을 우승으로 이끈 구리야
마 히데키 전 감독, 전 세계적으로 호시노 리조트를 운영하는
호시노 요시하루, 그 밖에도 세계적인 패션 브랜드의 창업자부
터 여성 경영자에 이르기까지 다양한 사람들을 연구했다. 이러
한 사람들은 깊이 사고하여 본질을 찾아내는 데 뛰어나며, 사
람을 움직이는 방법을 경험으로 잘 알고 있다.

　이번에는 그중에서 비교적 간단하고 따라 하기 쉬운 성공하
는 사람들의 습관을 소개하고자 한다.

[방법 ①]
리플렉티브 리스닝

"막상 상대와 대화하려 해도 분위기를 띄울 수 없어요."

예전에 내향성이 높은 리더인 사람이 필자에게 상담했던 내용이다.

내향형인 사람은 전전두엽 피질이 발달하여 논리적 사고가 습관화되어 있어서 기본적으로 목적 없이 행동하는 데 서툴다. 동료와 친목을 다지기 위해 잡담을 해 보려다가도 시간 낭비 같은 생각이 들기도 한다. '실속 있는 이야기를 해야지.' 싶어 너무 애쓴 나머지 "왜 그런 문제가 생긴 거야?", "그래서 원인은?"하고 묻는다. 이에 상대방이 질리면서 오히려 대화가 이어지지 않는 일도 있다.

이때 성공하는 내향형 리더는 '리플렉티브 리스닝'이라는 방법을 애용한다.

이는 '반사적 경청법'이라고도 불리며 학술적으로도 효과가 입증된 경청 기술이다. 그렇다고 어렵게 생각할 필요는 없다. 규칙은 단순하다. '상대가 말한 것을 그대로 반사하여 돌려주기'만 하면 된다.

예를 들어, 거래처와의 회의에서 처음 만나는 사람에게 인사하는 상황이라고 하자.

> 자신 : 홍길동 씨는 왜 지금 일을 하시게 되었나요?
> 고객 : 원래 사람들이랑 이야기하는 걸 좋아해서요. 영업이 잘 맞는다고 생각했어요.
> 자신 : 사람들이랑 이야기하는 걸 좋아하시는군요. 왜 좋아하시나요?
> 고객 : 음, 왜일까요? 사람들과 이야기하면서 새로운 것을 배우거나 자극을 받을 수 있어서일까요.
> 자신 : 그렇군요. 새로운 지식을 배우는 걸 좋아하시는군요.
> 고객 : 네, 맞아요, 좋아해요.

이처럼 상대방이 한 말을 반복한다. 그뿐이다.

'겨우 그 정도로 대화가 이어진다고?' 싶을 수도 있지만, 속는 셈 치고 꼭 한번 해 보기를 바란다. 사실 나도 예전에는 너무 진지하게 대화해서 분위기가 딱딱해지고는 했지만, '리플렉티브 리스닝'을 도입하자 바로 대화 분위기를 띄울 수 있게 되었다.

비록 작은 차이지만, 상대의 뇌에 쾌감을 주는 효과가 있다.

해외 연구 결과에서도 우리는 대화 중에 자신에 관한 이야기를 하면 뇌 속의 보상 체계가 활성화된다는 사실이 밝혀졌다. 인간은 자기 자신에게 가장 관심이 많다. 단체 사진을 볼 때 가장 먼저 자신을 보게 되는 것 역시 뇌가 자신을 매우 좋아하기 때문이다.

리플렉티브 리스닝을 이용하여 상대에게 말을 돌려주면, 상대는 '나에 관한 이야기를 해 주네.' 싶어 곧 쾌감을 느끼는 데다 '나를 이해해 주는구나.' 하고 안심감도 얻을 수 있다.

게다가 "○○로군요." 하고 사이에 한 마디를 넣음으로써 대화에 여백이 생기고, 다음 질문을 받기 전에 생각할 시간도 생겨서 상대도 편안하게 대화를 나눌 수 있다.

반대로 말을 반복하지 않은 채 심문하듯이 질문을 계속 던지면, 상대는 쾌감을 얻기 어려워지는 데다 자신을 이해받지 못한 채 점점 이야기가 진행된다는 인상을 받는다. 이 사람과 이야기할 때면 어쩐지 불쾌하다 싶은 사람이 있다면, 상대방이 말을 반복하지 않는 데 하나의 원인이 있을 수 있다.

【방법 ②】
피그말리온 퀘스천을 이용한다

많은 내향형 리더가 '지시를 내리는 것이 불편하다'라는 문제에 직면한다.

관리직 자리에 오른 이상 다른 팀원을 움직이고 협조하도록 하지 않으면 성과도 낼 수 없다. 부하에게 부탁하기 불편해서 스스로 일을 떠맡고 마는 사람도 많다고 들었다.

참고로 당신 밑에 이런 부하가 있다면 어떻게 할까?

시키는 일밖에 하지 않는 신입사원. 모든 일에 대해 세세하게 지시를 내리지 않으면 움직여 주지 않는다. 직장에 과제가 있는데도 자주적으로 생각하지 않는다.

그런 부하에게 '스스로 생각하고 알아서 움직여 주면 좋겠다'는 메시지를 전하고 싶다.

이때 당신이라면 어떤 말을 건넬까?

내향형인 사람일수록 어떤 말을 해야 할지 막막해질 수도 있지만, 연구를 통해 밝혀진 효과적인 방법이 있다. 평소 나누는 무심한 대화 속에서 이런 말을 하는 것이다.

"당신은 시키지 않아도 알아서 하는 사람이라고 생각하나요?"

뜬금없이 말하면 놀랄 수도 있으니 업무 이외의 상황에서 무심하게 이 말을 건네 본다. 참고로 당신이 일상 대화 중에 자연스럽게 이 질문을 받았다면 어떤 느낌이 들까?

'예', '아니오' 어느 한쪽으로 대답할 수도 있겠지만, 우리는 두 가지 선택지가 있을 때 더 나은 선택지나 자신이 그렇게 되고 싶다고 생각하는 선택지를 고르는 경향이 있다. "물론 상황에 따라서는 시키지 않아도 알아서 하죠."라고 대답할 수도 있다.

그런 경우에는 "그럼 어떨 때 시키지 않아도 알아서 하나요?"라고 물으면, 뇌는 '시키지 않아도 알아서 하는 자신'을 자연스럽게 상상한다. 그리고 스스로 상상한 모습대로 행동하려고 한다.

실제로 쇼핑몰에서 설문 조사를 부탁하는 실험을 통해서도 "잠깐 시간 괜찮으신가요?"라고 말을 건넨 그룹과 "당신은 다른 사람에게 협조적인가요?"라고 말을 건넨 그룹에서 얼마나 설문 조사에 협력해 주는가를 조사했다.

"잠깐 시간 괜찮으신가요?"라고 물은 그룹은 협력해 준 사람이 29%에 그쳤지만, "당신은 다른 사람에게 협조적인가요?"라고 물은 그룹에서는 무려 77%의 사람이 협조해 주었다고 한다.

묻기만 했을 뿐인데 약 2.7배나 되는 사람들이 실제로 행동한 것이다.

질문함으로써 상대방이 그렇게 행동하게 되는 질문법을 '피그말리온 퀘스천'이라고 부른다.

피그말리온 효과란 기대를 하면 그대로 이루어진다는 심리

현상인데, 뒤에 설명하듯이 사람에 따라서는 기대를 걸면 명령처럼 느끼는 사람도 있으므로 역효과가 나는 일도 있다.

이때 명령이 아닌 상대방에게 묻는 '피그말리온 퀘스천'이 효과적이다.

뇌는 질문받기를 무척 좋아하며, 질문을 받으면 답하려고 한다. 따라서 자연스럽게 스스로 어떻게 되고 싶은지를 정하게 된다.

【방법 ③】
'기대'와 '의욕'은 종 모양이다.

일이 되었든, 교육이 되었든, 육아가 되었든, 사람을 움직이는 처지가 되었을 때 절대로 해서는 안 되는 일이 있다.

바로 함부로 "기대하고 있어."라고 말하거나 무턱대고 능력을 칭찬하는 일이다.

스탠퍼드대학교의 연구 결과에서도 퍼즐을 풀었을 때 "대단한걸. 우수한 사람이구나!"라고 칭찬하면, 어려운 일에 도전하지 않게 되는 경향을 보이는 것으로 밝혀졌다. 만약 다음에 어려운 일에 도전했다가 실패하면 더는 '우수한' 사람이 아니게 되기 때문이다. '우수함'을 유지하기 위해서 실패하지 않을 법한 쉬운 과제만 골라서 하게 된다.

능력이 아닌 노력을 칭찬하면 '어려운 문제'에 도전할 확률이 높아진다는 사실도 드러났다.

상대방을 평가할 때는 능력을 칭찬할 것이 아니라 '노력'을 칭찬해야 한다. 이는 동물도 마찬가지다. 노력했을 때 보상을 주면 그 노력을 더 열심히 하게 된다. 뇌과학적으로 보면 선조체라고 하는 뇌의 보상 체계가 활성화되어 그 특정 행동을 촉진하게 된다.

동기부여 이론으로 유명한 미국의 심리학자 존 앳킨슨 교수의 연구 결과에서도 다음과 같은 사실이 밝혀졌다.

'기대'와 '의욕'의 관계를 그래프로 나타내면 종 모양을 띤다. 실현 가능성이 0%도 100%도 아닌 딱 50% 정도일 때 가장 쉽게 의욕이 생긴다는 것이다.

간단히 할 수 있는 일이나, 절대로 불가능한 일을 "자네라면 할 수 있어! 기대하고 있을게!"라고 말해 봤자 의욕이 생길 리가 없다.

예를 들면, "자네라면 반드시 남산 타워에 오를 수 있을 거야! 괜찮아!"라고 격려받는다고 해서 의욕이 넘치는 일은 없을 것이다. 노력하지 않아도 쉽게 할 수 있는 일에는 의욕이 생기지 않는 경향이 있다.

한편, "당신은 해발 고도가 거의 만 미터에 이르는 에베레스트산 정상에 오를 수 있을 거야! 힘내!"라는 말을 들어도 의욕이 생기는 일은 없다. 등산가나 모험가라면 몰라도 일반인에게는 너무 무모하고도 높은 목표여서 "그건 불가능해요……." 라고 말하고 싶어질 것이다.

따라서 다른 사람의 의욕을 끌어내는 데는 실현 가능성이 50% 내외인 부분을 기대해 주는 것이 좋겠다. 내가 현장에서 수많은 경험을 하며 느낀 점은 그 사람이 실현 가능한 확률이 60~70% 정도인 부분을 기대해 주면, 효과가 더욱 커지는 경향을 보인다는 것이었다 물론 개인차는 있다. 그 사람이 불타오르는 경계선을 찾는 것도 중요하다.

자기 혼자서 하기에는 다소 벅차더라도 주위에서 도와주면 실현할 수 있는 부분을 기대해 주면 본인도 더 의욕이 솟는다.
스포츠 분야에서도 간단히 할 수 있는 것만 해서는 존에 들어가기 어려워진다. 자신의 능력보다 조금 높은 곳에 목표를 설정하면, 뇌가 좋은 상태에 들어가기 쉬워진다.

그러려면 상대방의 능력과 상태를 잘 이해하고 있어야 한다. 기본은 상대방의 이야기를 들어 주는 것이다.

이것이 바로 내향형이 잘하는 일이자 내향형 리더가 서번트 리더십을 발휘하기 위해 이용하는 방법의 하나다.

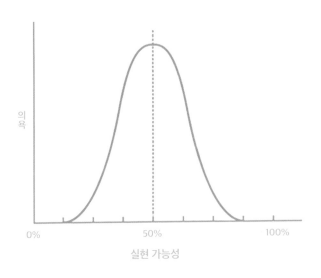

성격은 카멜레온처럼
변화한다

    다시 한번 말하지만, 내향형인 사람이 자신의 강점을 살리면서도 동시에 이 사회에서 편안하게 살아가기 위해서는 '양향형'을 목표로 하는 것이 가장 좋은 해결책이라고 생각한다.

    필자도 예전에는 완전히 '내향형'이라고 생각했지만, 여러 가지 경험을 통해 지금은 '양향형'이라고 말할 수 있게 되었다.
    항상 양향형이라기보다는 상황에 따라 성격이 바뀌는 느낌이다.

    예를 들면, 강연이나 TV와 라디오 방송 등에서 이야기할 때는 '외향형' 경향을 보이고, 연구하며 분석하거나 논문을 읽을 때는 '내향형'이 된 자신을 보게 된다. 때와 상황에 따라 그 비율이 변한다.

평소 사람과 이야기할 때는 '내향 : 외향 = 50 : 50' 정도인데, 상대의 고민을 해결할 때는 '내향 : 외향 = 70 : 30' 정도로 세세하게 변하기도 한다.

이처럼 필요에 따라 성격을 유연하게 바꿀 수 있게 되면 언제든지 자연체로 있을 수 있으며, 일할 때도 성공하기 쉬워진다. 실제로 '외향성'과 '내향성'은 고정되어 있지 않으며 자유자재로 변화한다는 사실도 밝혀졌다.

내향성이 강한 사람도 친한 친구와 함께 있을 때는 이야기하다 신이 나서 외향성이 높아지는 일이 없었을까? 반대로 혼자 독서에 몰두하고 있을 때는 내향성이 높아지기도 한다.
스포츠를 할 때도 수영이나 육상, 골프 등 개인 경기를 할 때는 '내향성', 야구, 미식축구 등 팀 전체를 생각하는 경기를 할 때는 '외향성'이 되기도 할 것이다.

누구나 성격은 항상 고정되어 있지 않으며, 내향성의 강하고 약한 정도 또한 그라데이션처럼 변화한다.

여러분이 가진 본래의 기질을 무리하게 바꿀 필요는 없다.

2만 개에 달하는 외향적인 사람과 내향적인 사람의 행동에 관한 문헌을 해석하며 조사한 바에 따르면, 외향적인 사람과 내향적인 사람 사이에서 공통된 행동을 자주 볼 수 있으며, 외향적인 사람은 내향적인 사람보다 5~10% 정도 높은 빈도로 중간 수준의 외향적인 행동을 한다는 사실도 보고되었다.

즉, 외향적인 사람과 내향적인 사람 모두 근본적으로 전혀 다른 사람이 아니라 내향성과 외향성을 넘나들고 있을 뿐이라는 말이다.

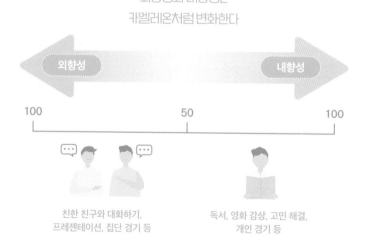

외향성과 내향성은
카멜레온처럼 변화한다

외향성 ← → 내향성

100   50   100

친한 친구와 대화하기,   독서, 영화 감상, 고민 해결,
프레젠테이션, 집단 경기 등   개인 경기 등

소극적이지만 우수한 사람이 하는 것

4장

'공포 학습'과 '쾌감 학습'이 성격을 만든다

점성술을 믿기만 해도
성격이 바뀐다

'성격'은 인생의 모든 상황에 영향을 미친다.

'나는 불안계 내향형이었구나.', '성실성이 없어서 성공할수 없겠어.' 그렇게 초조한 기분이 들 수도 있겠지만 안심해도좋다. 사실 성격은 의외일 정도로 쉽게 변한다. 의도적으로 바꿀 수도 있다.

영국에서 이루어진 실험을 하나 소개하겠다. 2,000명이 넘는 점성술을 믿는 사람을 조사한 결과 자신의 별자리에 해당하는 성격을 가진 사람이 많았다고 한다. 하지만 점성술을 모르는 아이들 1,000명을 조사한 결과, 성격과 점성술 사이에서관계성을 거의 확인할 수 없었다.

즉, '전갈자리인 사람은 열정적인 연애를 한다.', '양자리인 사람은 얌전하다.'와 같은 말을 믿으면 실제로 성격도 바뀐다는 의미다전문 용어로는 신념 편향이라고도 한다.

많은 사람이 믿기 어려울지도 모르지만, 성격은 타고나는 것이 아니라 후천적으로 변화한다는 사실이 점차 밝혀지는 중이다.

그럼 왜 이런 일이 일어나는 것일까?

'태생'과
'육성'의 진실

'성격은 타고난 유전으로 정해지며 변하지 않는다.'

강연회를 열면서 많은 사람을 만나 왔는데 그렇게 생각하는 사람이 많은 것 같다.

하지만 우리의 성격은 크게 두 가지 요소로 이루어진다.

바로 '기질'과 '성격'의 두 가지 부분이다.

'기질'이란 유전자에 의해 태어날 때부터 정해져 있는 선천적인 성격이다.

쉽게 짜증을 낸다, 작은 일에도 기뻐한다, 새로운 것에 관심이 많다, 사람을 좋아한다 등 이와 같은 것들은 선천적으로 도

파민이나 세로토닌 등 뇌 속 신경전달물질의 양에 따라 어느
정도 정해져 있다.

'성격'개성이란, 태어난 후의 후천적인 경험과 일에 의해서
만들어지는 성격이다.

유전자가 같은 일란성 쌍둥이를 연구하다 보면 어른이 되면
서 성격이나 취향이 달라지는 현상이 일어난다. 이것은 바로
후천적인 경험과 환경의 차이로 인해 후천적으로 성격이 만들
어졌기 때문이다. 행동유전학 연구 결과에서도 우리의 성격은
전체의 약 40~50%가 유전적인 영향에 의한 것으로 나타났다.

미국 세인트루이스워싱턴대학교의 로버트 클로닌저 박사
는 이와 같은 '기질'과 '성격'의 두 가지 요소가 우리의 성격에
불가결한 요소라고 제창하며 'TCI 이론'Temperament and Character
Inventory으로 세계의 수많은 연구자의 지지를 받고 있다.

선천적인 '기질'은 유전자로 정해져 있어 바꿀 수 없다. 하
지만 후천적인 '성격'은 얼마든지 성장시킬 수 있다.

영어로는 흔히 'Nature'본성과 'Nurture'양육이라고 하는데, 사람의 성격은 양육에 따라서도 크게 변화해 간다.

성격의 두 가지 요소

성격

= 육성 (Nurture)

기질

= 태생 (Nature)

성격의 정체는 '통증'과 '쾌감'의 기억이다

그렇다면 후천적인 성격은 어떻게 만들어질까?

이를 설명하는 데는 뇌의 2대 성질이 필요하다.
바로 '쾌감 학습'과 '공포 학습'이라고 불리는 것이다.

'쾌감 학습'이란, 뇌가 경험한 일을 '쾌감'으로서 기억하는 학습을 말한다. 예를 들어, 당신이 방문한 새로운 레스토랑에서 보기 드문 생선이 나왔다고 하자. 그 생선이 아주 맛있었다면 이는 뇌에 '쾌감'으로써 기억된다. 이것이 이른바 '쾌감 학습'이다.

그런데 반대로 그 생선을 먹고 배탈이 났다고 하자. 그러면 이번에는 '다시는 절대로 이런 생선 따위를 먹지 않을 거야.' 하고 뇌가 '공포통증'로서 인식하게 된다. 이것이 '공포 학습'이다.

우리는 한 번 먹었다가 따끔한 맛을 본 것을 잊게 되면 생명의 위험에 노출되고 만다. 반대로 맛있는 것을 잊게 되면, 맛있는 음식을 다시 처음부터 시간을 들여 가며 찾아야 한다.

인류가 태어난 시대 이후로 우리의 뇌는 계속 생존해 나가기 위해 '여기는 가지 않는 편이 좋다.', '이 부족과 어울리면 이점이 많다.' 등 항상 학습하며 행동 효율을 높인다. 실은 이와 같은 '공포 학습'과 '쾌감 학습'이 후천적인 성격을 만든다는 사실이 연구를 통해 점차 밝혀지고 있다.

외향형이 긍정적으로
사고하기 쉬운 이유

이를 이해하려면 먼저 한 가지 상상을 해 보자.

당신은 용기를 내어 새로운 일에 도전해 보았다. 그리고 막상 해 봤더니 뜻하지 않게 '대성공'을 거두었다. 그래서 너무나도 기뻤다.

다음에도 새로운 일에 도전해 보자 이번에도 성공하며 돈까지 생겼다. 자신감이 붙은 당신은 또다시 새로운 일을 해 보는데, 하면 할수록 성공을 거듭하며 기쁘다. 그러면 당신은 '새로운 일에 도전하기'에 대해 어떻게 느낄까?

이때 많은 사람의 뇌 속에서 '새로운 일에 도전하기' = '좋은 일'이라고 연결되어 '도전하면 즐거워져!'라고 느낀다.

이것이 바로 '쾌감 학습'이다. 뇌 속에서 '새로운 일에 도전하기' = '쾌감'이라는 학습이 되어 새로운 일에 도전하기를 좋아하는 성격이라고 생각하게 된다.

실제로는 메커니즘이 조금 더 복잡하지만, 간단히 설명하자면 기쁜 일이 생기거나 기쁜 일을 경험했을 때 뇌 속에서 보상 회로라고 불리는 '복측피개영역'과 '측좌핵'이라는 부분이 활성화된다. 다른 사람에게 칭찬받거나 돈을 받는 등 무언가 좋은 일이 있을 때 발화하는firing 곳이다.

'쾌감 학습'의 원리

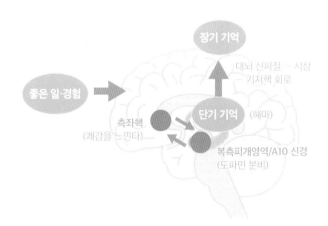

장기 기억

좋은 일·경험

대뇌 신피질 → 시상 → 기저핵 회로

단기 기억 (해마)

측좌핵 (쾌감을 느낀다)

복측피개영역/A10 신경 (도파민 분비)

자신의 행동이 좋은 결과로 이어지면 큰 '쾌감'을 느껴 기억의 중추인 해마도 활성화하기 쉬우며, 궁극적으로 '대뇌 신피질'의 '장기 기억'에 쾌감 기억이 축적되기 쉬워진다.

이것이 '쾌감 학습'의 원리다.

이러한 '쾌감 학습'의 가장 큰 수혜자가 외향형인 사람들이라고 알려져 있다.

2장에서도 이야기했듯이 외향형은 뇌의 보상 체계가 쉽게 활성화하여 작은 일에도 쾌감을 느끼기 쉬워 쾌감 학습을 하는 데 유리하다는 사실이 밝혀졌다.

예를 들면 '사람들 앞에서 이야기하면 칭찬받는다'라고 하면 '사람들 앞에서 이야기하기 = 즐거워!'라는 쾌감이 내향형보다 크게 느껴져서 자꾸만 사람들 앞에서 이야기하고 싶어지는 성격이 된다. '즐거운 일이 더 있을지도 몰라.' 하고 더욱 적극적으로 행동하고 싶어진다.

게다가 외향형은 내향형보다 공포 학습을 하기 어려운 것으로 보인다. 깊이 생각하지 않기 때문에 기분 나쁜 일이 생겨도 편도체가 그다지 활성화되지 않기 때문이다.

> **외향형** = 쾌감 학습이 많다 + 공포 학습이 적다 → 긍정적인
> 성격이 되기 쉽다

이러한 원리에 따라 외향형인 사람은 일반적으로 밝은 성격이 점점 강화된다.

부정적인 사고의
진짜 원인

한편, 내향형인 사람뿐만 아니라 일반적으로 공포 학습을 할 때 뇌 속에서는 무슨 일이 벌어질까?

불편한 일, 기분 나쁜 일, 심한 말을 들은 일 등 그런 일이 일어나면 뇌에 있는 '편도체'라는 부분이 발화한다. 편도체는 일명 '감정의 중추'라고도 불리며 불안·공포·슬픔·분노·짜증 등 부정적인 감정을 관장하는 중요한 부분이다.

이러한 편도체에서 비롯된 불쾌한 감정이 클수록 그 자극이 해마에 전달되어 장기 기억에 저장된다. 반복적으로 불쾌한 기분이 들 때도 해마가 활성화되는데, 그럴수록 장기 기억으로 전환되기 쉬워진다.

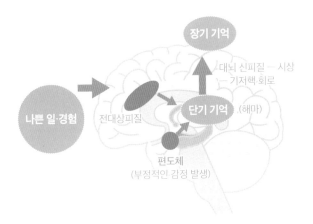

'공포 학습'의 원리

장기 기억

대뇌 신피질 — 시상
— 기저핵 회로

나쁜 일·경험   전대상피질   단기 기억   (해마)

편도체
(부정적인 감정 발생)

예를 들어 많은 사람 앞에서 연설했다고 하자. 기껏 열심히 준비했는데 실수하는 바람에 망신당했다. 비웃음을 사고 바보 취급도 당한다. 그런 경험을 하면, 뇌가 '많은 사람 앞에서 이 야기한다 = 두려워!'라고 학습하면서 '많은 사람 앞에서 이야 기하기가 두렵다' = '자신의 성격'이라는 패턴이 완성된다.

그러면 다른 사람 앞에 서기만 해도 긴장하게 되거나, 불안 감이나 부끄러움을 느끼거나…… 이런 일이 자신의 일부가 되 어 간다.

'입스'라는 스포츠 용어가 있는데, 이것도 공포 학습의 일종이다. 테니스 경기를 하다가 중요한 상황에서 서브를 실수했다. 그때의 공포심과 긴장감으로 인해 중요한 상황에서 라켓을 휘두를 수 없게 되는 선수도 많다.

누구에게나 각자 불편하게 여기는 것이 있다.

예를 들어, 일로는 성공했지만, 연애만 하면 계속 틀어진다. 특정한 작업이나 과목만 불편하게 느껴진다. 어떤 유형의 사람이 불편하거나, 특정 상황이나 장소에만 영문 모를 불편함을 느끼기도 한다.

누구에게나 잘 되는 분야와 잘 안되는 분야가 있는데, 잘 안되는 분야일수록 불편하게 여긴다는 것만큼은 거의 확실하다.

물론 사람에 따라서는 선천적으로 불편하게 여기는 것도 있지만, 필자가 그동안 2만 명이 넘는 사람들을 봐 온 한은 이러한 '불편하다는 감각'의 약 90% 이상은 후천적인 뇌의 공포 학습에서 비롯되었음을 알 수 있었다.

연구하다가 깨달은 사실이 한 가지 더 있다.

불편하게 여기는 것이 많은 사람들에게서 어떤 공통점을 발견했다.

바로 신경성이 있을수록 공포 학습을 경험하기 쉬우며 통증 기억이 많아진다는 점이었다.

그림을 보는 것만 봐도
어느 정도 부정적인지 알 수 있다

신경성이란 앞에서 이야기한 5대 성격, 빅 파이브의 성격 특성 중 하나로, 내향형과는 전혀 다른 것이다.

신경성이 강한 사람은 뇌의 공포 학습의 중추라고도 하는 편도체가 활성화되기 쉬워서 작은 공포도 아주 큰 공포로 느껴지며, 공포 학습을 통해 불편하게 여기는 감각이 형성되기 쉽다는 사실이 밝혀졌다.

신경성은 부정적으로 반응하기 쉬운 성질을 가지고 있어 이를 뇌과학 분야에서는 '부정성 편향'이라고 표현하기도 한다. '부정성 편향'은 일명 '비관주의 편향'이라고도 하는데, 이는 '주목 편향'의 일종으로 부정적인 것에 초점을 맞추려고 드는 뇌의 버릇이다.

다음의 그림을 보자.

부정성 편향

이것은 이지러진 원 그림이다. 당신은 원이 어느 정도 이지러지면 신경이 쓰이는가?

사실 신경성이 높은 사람일수록 '부정성 편향'이 강해서 원에 아주 조금만 빠진 곳이 있어도 신경이 쓰인다.

한편 신경성이 낮으면 원에 다소 빠진 곳이 있어도 그다지 신경 쓰이지 않는다.

48

신경성이 높은 사람들을 조사한 적이 있는데, 그런 사람들은 밀리미터 단위로 아주 작은 부분만 빠져 있어도 그 부분밖에 눈에 안 들어온다.

종종 SNS에 올려 '좋아요'를 100개나 받은 글에 단 한 개의 욕하는 댓글이 달리면, 머릿속에 그 일만 맴도는 사람이 있다. 그것은 부정성 편향이 강하기 때문이다.

다만, 신경성이 완전히 나쁜 놈인가 하면 전혀 그렇지 않다. 신경성은 원래 우리가 생존하기 위해 만들어진 것이기 때문이다.

우리는 원시시대부터 천적의 공격과 자연재해 등 다양한 위험에 둘러싸여 살아왔다. 우리 조상들은 위험을 회피하기 위해 부정적인 것에 초점을 맞추어 그 어려움을 극복했다. 기근이 발생했는데도 '이 정도는 괜찮아!' 하고 낙관만 하던 사람은 죽었을지도 모른다.

따라서 신경성은 결코 나쁜 것이 아니며, 너무 강할 때만 문제가 될 뿐이다.

실제로 과학 분야에서는 '건강한 신경증' 전문 용어로는 Healthy

Neuroticism이라고 불리는 사람들이 주목받고 있다. 이 사람들은 신경성과 성실성이 높은 사람들로, 흡연하거나 약물을 사용할 위험성이 낮으며, 염증이나 암 등을 일으키는 염증성 사이토카인의 수치가 낮아 평생 건강하게 지낼 수 있다고 한다.

그런데 신경성이 너무 강하면 어떤 문제가 생긴다. 그저 일부분일 뿐인 '결점'을 자기 성격의 '전부'인 것처럼 착각하고 마는 것이다.

이에 따라 자신에게는 '부정적인 부분', '열등한 부분', '싫어하는 부분'밖에 없으며, 좋은 점은 하나도 없다고 생각하는 경향이 있다.

사실은 둥근 원 전부가 그 사람인데, 마치 자신에게는 '빠진 부분'밖에 존재하지 않는 것처럼 생각하게 된다.

객관적으로 보면 매우 밝고 시원시원하게 말하는 사람인데도 막상 본인은 그렇게 밝은 자신에 대해 전혀 인지하지 못한 채 "어두운 저 자신이 너무 싫어요."라고 고민만 할 뿐이다. 그런 사람도 많다.

여러분이 '자기 자신'이라고 생각하는 것은 어쩌면 원에서 빠진 부분에 불과할지도 모른다.

이러한 신경성이 너무 강하면 과도한 부정적인 사고를 형성하는 큰 원흉이 된다.

신경성이 너무 크면 비즈니스뿐만 아니라 연애, 건강, 신체 능력, 수명, 행복도 등 모든 분야에 부정적인 영향을 미친다. 너무 열심히 일하다가 갑자기 아무것도 할 의욕이 생기지 않게 되는, 번아웃이라고 하는 상태에 빠지는 사람 중에는 신경성이 높은 사람이 많다고 한다.

신경성이 높으면 낯을 가리거나, 조현병에 걸리거나, 후천적으로 통증을 학습하기 쉬워 스스로 부정적인 사고에 박차를 가하기도 한다.

더불어 편도체가 부정적인 감정을 감지하면 '전대상피질'이라는 부분이 활성화된다는 사실도 밝혀졌다.

게다가 최근에는 '전대상피질'이 '다른 어떤 일'을 경험했을 때도 반응하는 것으로 확인되었다.

바로 '신체적인 통증을 느꼈을 때' 반응하는 부분과 완전히 일치했던 것이다.

즉, 뇌과학적으로 보면 다른 사람에게 거절당하면 칼로 상처받은 것과 같은 통증을 느낀다는 의미다.

특히 신경성도 있는 내향형인 사람은 외향형보다 깊이 생각하기 때문에 통증을 느끼기가 더 쉬워진다. 흔히 실연당해 침울해진 사람이 "마음이 찢어지는 것 같아."라고 표현하는데, 그렇게 틀린 말은 아니었던 것이다.

이 원리를 이용하면
내향형도 성격을 바꿀 수 있다!

하지만 여기에 희소식이 있다.

이러한 '공포 학습'과 '쾌감 학습'의 원리를 잘 이용하면 성격을 리셋할 수 있다는 사실이 밝혀진 것이다.

'파블로프의 개'라는 유명한 현상이 있다.

눈앞에 있는 개에게 벨을 울린 후 먹이를 주면 벨 소리만 울려도 개가 침을 흘리게 되는 현상이다.

이는 바로 뇌가 새로운 패턴을 학습하여 '벨을 울린다 = 먹고 싶다'라는 패턴이 만들어진 현상이다. 흔히 조건 반사라고도 하는데, 후천적으로 특정 패턴이 만들어지는 원리는 성격 형성과도 비슷하다.

여기까지는 다들 잘 아는 이야기다. 그런데 이 실험에는 이어지는 이야기가 있었다.

연구원 파블로프는 또 다른 실험을 했다. 앞서 침을 흘리는 것을 학습한 개에게 이번에는 '벨이 울려도 먹이를 주지 않는다'라는 새로운 경험을 반복시켰다.
그러자 다음과 같은 일이 벌어졌다.

'개는 벨을 울려도 침을 흘리지 않게 되었다.'

즉, 새로운 경험을 통해 한 번 학습한 패턴성격을 리셋할 수 있었다는 의미다.
이를 전문 용어로 '소거 학습'이라고 한다. 쾌감 학습과 공포 학습을 뛰어넘는 제3의 학습이라고 불린다.

이러한 소거 학습을 이용하면 과거의 경험이 원인이 되어 형성된 불편하다는 감각과 성격 경향 등도 리셋할 수 있다.

예를 들어, '초면인 사람과 만나는 것이 불편하다'라는 공포 학습을 한 사람이 있다고 하자.

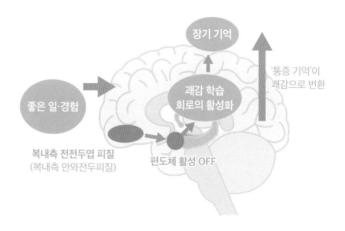

'소거 학습'의 원리

장기 기억

'통증 기억'이
쾌감으로 변환

좋은 일·경험

쾌감 학습
회로의 활성화

복내측 전전두엽 피질
(복내측 안와전두피질)

편도체 활성 OFF

어느 날 그 사람은 용기를 내서 술자리에 참석해 보았다. 뜻
밖에도 처음 만나는 사람과의 이야기에 흥이 나며 매우 만족
스러운 시간을 보냈다. 솔직히 즐거워! 그런 생각이 든 멋진 경
험이 되었다. 그러면 쾌감을 학습한 뇌에서는 뇌의 보상 회로
복측피개영역과 측좌핵뿐만이 아니라 '복내측 전전두엽 피질'도 활발
해진다.

'복내측 전전두엽 피질'은 부정적인 감정을 낳는 '편도체'를
제동하는 역할을 담당한다. 공포·불안·슬픔 등 부정적인 감정
이 큰 불길처럼 일어난다고 하면, 이 불길을 끄는 것이 '복내측

전전두엽 피질'이다.

그 결과 지금 일어나는 일을 냉정하게 파악할 수 있게 되어 쾌감 학습을 하기 쉬워진다. '잘 되었다'라는 쾌감이 해마에서 장기 기억으로 전환되며 공포 학습이 리셋되어 '통증 기억'이 '쾌감' 기억으로 변환된다. 이것이 소거 학습의 정체다_{실제로는 더 복잡하지만, 이해하기 쉽도록 간략하게 설명했다.}

'소거 학습'은 한번 획득하면
잘 사라지지 않는다

우리는 모르는 사이에 일상적으로 소거 학습을 수없이 경험한다.

무서워하고 꺼리던 사람과 직접 이야기해 보니 의외로 좋은 사람이어서 인상이 달라졌다거나, 파티에 초대되어 귀찮다는 마음이 들었지만 막상 가 보니 즐거웠던 경험을 한 적이 없을까.

부정적이라고 생각했던 것을 실제로 경험해 보면 긍정적으로 바뀌는 일도 많다.

'공포 학습'과 '쾌감 학습'이 성격을 만든다

필자 자신도 몇 번이나 소거 학습을 경험해 왔다.

그중에서도 가장 인상 깊었던 것은 못 먹던 성게를 먹을 수 있게 된 경험이다.

어렸을 때 병에 든 성게를 항상 즐겨 먹던 아버지가 매번 먹으라고 권유하는 바람에 성게라고 하면 진절머리를 치게 되었다 바로 공포 학습이다. 술안주로는 좋을지 몰라도 솔직히 말해서 아이가 맛있어하며 먹을 음식은 아니었다.

하지만 대학생 때 전환점을 맞이했다.

당시 과외 아르바이트를 했었는데, 어느 날 학생의 어머니가 "항상 감사해요."라고 하며 나무 상자에 담긴 고급 성게를 준비해 주었다.

순간 등줄기가 오싹해졌지만 그렇게까지 해 주는데 성게를 못 먹는다고 차마 말할 수가 없었다. 제발 표정에 드러나지 않기를 빌면서 나는 떨리는 손으로 젓가락을 들고 천천히 조심스럽게 성게를 입에 넣었다.

그러자 그 순간 놀라운 일이 벌어졌다.

입에 넣는 순간 뭐라 형용할 수 없는 향긋하고 달콤한 향기가 입안에 가득 퍼졌다. 녹는 듯한 감칠맛도 퍼지며 지금까지 느껴 본 적 없는 큰 쾌감이 밀려왔다.

그 이후로 나는 성게를 아주 좋아하게 되었다.

바로 '소거 학습'을 경험한 것이다.

아주 맛있는 성게를 먹음으로써 뇌가 큰 쾌감을 느끼며 복내측 전전두엽 피질이 활성화되어 과거의 통증을 소거했다. 단 한 번의 경험이었지만, 그 이후로 28년이 지난 지금까지 여전히 성게를 아주 좋아한다.

이와 마찬가지로 성격도 소거 학습이 가능하다.

'다른 사람과 이야기하는 것이 불편해.' 그렇게 생각하던 사람도 "당신과 이야기하면 즐거워요!"라는 말만 한 번 들으면 뇌가 활성화되어 소거 학습을 한다. 그러한 경험을 계속 반복하다 보면 성격을 자연스럽게 바꿀 수 있다.

그동안 필자에게 상담받은 사람들 대부분이 이러한 성격 변화를 경험했다. 수개월에서 1년에 걸쳐 도움을 준 결과 마치 다른 사람이라도 된 것처럼 성격이 바뀌며 성장한 사람도 많다.

당신의 성격은
당신 탓이 아니다

성격을 바꾸려면 먼저 후천적으로 어떤 성격을 갖게 되었는지 자문자답해야 한다.

지금까지 어떤 공포 학습을 획득해 왔을까? 어린 시절에 어떤 사건이 있었을까? 만약 '자꾸만 다른 사람의 눈치를 보는 자신이 싫다'라고 생각한다면 '다른 사람의 눈치를 보게 된' 원인은 무엇일까?

지금까지 경험한 '공포 학습'이 축적되어 만들어진 성격이 여러분 성격의 반 이상을 차지했을 수도 있다. 그것을 하나하나 벗겨 나가면 자연스럽게 본래의 자신을 되찾을 수 있다.

지금으로부터 18년 전, 병을 선고받았던 그때 나 역시 지금까지의 인생을 되돌아보았다. 그리고 공포 학습으로 인해 스트레스에 허우적대는 내 자신을 발견했다. 다른 사람과 함께 있기만 해도 갑자기 지치고, 항상 다른 사람들이 어떻게 생각할까 싶어 괴로워하며 불안에 휩싸이기도 했다.

이렇게 불안해진 원인이 무엇인지 찾던 중에 문득 '어렸을 때부터 한 번도 소중한 사람에게 칭찬받은 적이 없으니 이런 성격이 될 수밖에 없지.'하고 이해되는 순간이 있었다. 너무 싫어서 미칠 지경이었던 나의 이런 성격은 내 탓이 아니다. 지금까지 경험한 공포 학습이 축적된 결과다. 그런 생각이 들자 빛이 비쳐 드는 것만 같았다.

내향적인 사람에게
'부정적 유산'이 많아지는
진짜 이유

다시 한번 말하지만, 공포 학습을 하기 쉽고 통증이 큰 사람은 결코 자신의 탓이 아니다.

특히 어린 시절 부모와의 환경이 중요하다.
어린아이는 원래 신경성 중 하나인 '부정성 편향'이 강해서 공포 학습을 하기 쉽기 때문이다.

어린아이는 부모가 없으면 살아갈 수 없다.
그래서 아이는 자신을 보호하기 위해 부모에게서 멀어지면 바로 울음을 터뜨린다. 그리고 겁도 많다. 위험을 무릅쓰고 처음 보는 커다란 동물을 향해 다가가다가는 죽을지도 모른다.

그렇기에 아이들은 어른보다 '부정성 편향'이 더 잘 작동하지만, 그 대신 공포 학습도 하기 쉬워진다고 할 수 있다.

특히 내향성이 높은 아이일수록 깊이 생각하는 경향이 있어 공포를 더 잘 느끼는 것 같다. 필자에게도 일곱 살 난 아이가 있는데, 아이의 친구들을 보면 무서운 일을 겪어도 금세 잊어버리는 아이도 있는가 하면, 계속 그 일에서 벗어나지 못한 채 우는 아이도 있다.

내향성이 높은 아이는 공포 학습을 하는 빈도가 높아져 불편하게 여기는 것이 많은 사람으로 성장하기 쉽다. 부정적인 사고가 지나치면 편도체가 과도하게 활동하게 되면서 전전두엽 피질의 활동 저하가 일어난다. 따라서 객관적인 사고를 하기 어려워지며 쉽게 우울해진다.

하지만 내향성이 높아도 공포 학습을 하지 않게 되는 경우가 있다.

바로 '주변 사람들과의 유대로 인해 안심감을 느낄 때'다.

이는 원래 실험용 쥐를 관찰하다 발견한 현상이다. 갓 태어난 실험용 쥐는 평소 지내던 곳에서 격리되면 '도움'을 요청하며 아우성친다. 상당한 스트레스를 받는다. 바로 공포 경험이다.

이때 어머니나 형제자매가 곁에 있으면 쥐는 안심하여 날뛰지 않게 된다. 긴장이 풀리며 공포 경험이 수그러드는 것이다. 이를 '사회적 완충 작용'이라고 부르는데, 사람도 마찬가지며 원숭이와 닭, 양, 돼지 등 모든 동물에서도 관찰되는 보편적인 현상이다.

우리는 내향형 기질을 가지고 있으면 어릴 때 공포 경험을 하기 쉬워지지만, 부모나 형제와 같이 안심할 수 있는 존재가 곁에 있으면 '사회적 완충 작용'으로 인해 공포 기억이 소거된다. 그 결과 내향형이어도 불편하게 여기는 것이 적고 자신감 있는 아이로 성장한다.

한편 어릴 때 안심감을 느낄 수 없는 환경에서 자라면 '사회적 완충 작용'이 작용하지 않는다. 특히 내향성이 강하면 공포 학습이 늘어나게 되며, 어린 시절에 경험한 공포 학습은 어른이 되어서도 무의식적으로 작용할 수 있다.

이유 없이 특정한 상황에서만 긴장하거나 불안해진다면, 그것은 어린 시절에 경험한 공포 학습이 영향을 미쳤을 가능성이 있다.

부정적인 사고는 결코 당신 탓이 아니다. 자라온 환경에 강한 영향을 받았을 가능성이 있다.

5장

이상적인
자신이라는
환상을 리셋한다

많은 사람이
성격을 바꾸고 싶어 한다

　자신의 성격에 만족하는 사람은 의외로 적은 것 같다. 긍정적인 사람이 많을 것 같은 미국에서도 매년 100억 달러의 돈이 행복과 성격을 개선하는 프로그램에 쓰이며, 85~95%의 사람이 조금 더 이상적인 사람이 되고 싶다고 생각한다고 한다. 일본에서 1,000~5,000명을 대상으로 이루어진 한 성격 관련 설문 조사에서도 약 50~80%의 사람이 '성격을 바꾸고 싶다'라고 답했다.

　'얌전한 자신이 싫다'는 고민에는 깊이 공감한다. 나 역시 30대 중반까지는 매우 내향적인 성격이었기 때문이다. 완벽주의인 데다 항상 긴장한 듯한 감각이 느껴져 사람과 만날 때

마다 스트레스를 받았다. 나 자신도 어찌할 바를 모른 채 그런 자신이 싫어 미칠 지경이었다.

얌전한 사람은 내향적인 자신이 '못났다'는 생각 때문에 무리해서 '외향적'이 되려고 하는 경향이 있다.

현대 사회에서는 '밝고 활기찬' 성격을 미덕으로 여긴다. 부모와 학교 선생님에게 "밝고 씩씩하게 인사합시다."라고 배운 경험이 있는 사람도 많지 않을까. 어릴 적 익힌 습관 때문에 무의식적으로 그렇게 행동해야 한다는 압박감을 느끼는 사람도 있을 것이다.

'이상적인 성격'이 되려다
실패하는 전형적인 예

이상적인 자신이 되고 싶다는 사람이 종종 크게 오해하는 것이 있다. 무리해서 이상적인 자신이 되려고 하면 반대로 되어 버린다는 점이다.

동경하는 인플루언서처럼 되고 싶다. 언제나 모두에게 둘러싸여 있는 인기인이 되고 싶다……

동경하는 누군가와 비슷해지려고 노력해 보았지만, 본래의 자신과는 너무 동떨어져서 너무 지쳐 버린 적이 없을까.

성격을 좋은 방향으로 바꾸어 나가는 데는 따라야 할 순서가 있다. 이를 틀리게 되면 실패라는 공포 학습을 통해 '통증'

기억이 늘어날 뿐이며, '어차피 나는 변할 수 없구나.'라는 부정적인 생각이 더 강화된다.

성격을 바꾸는 데 중요한 것은 단 하나다.

먼저 '원래대로 되돌리기' 작업을 해야 한다는 것이다.

앞서 이야기했듯이 내향적인 사람은 깊이 생각하기 때문에 신경성이 더해지면 결과적으로 공포 학습을 하기 쉬운 경향이 있다. '또 실패하면 어떡하지.' 그렇게 일어나지도 않은 미래의 실패를 상상하며 불안해하거나 주변 사람들의 눈치를 보는 등 생각이 지나치게 된다.

일상생활에서의 모든 행동이 '통증'과 결부되는 신경성이 있는 사람은 모든 일을 부정적으로 생각하는 태도와 사고 패턴을 '자신의 본래 성격이다.'라고 생각하는 경향이 있다. '통증 학습을 한 자신'을 본래의 자신이라고 인식하는 것이다.

하지만 그것은 크나큰 오해다.

공포 학습으로 얻은 기억은 당신이 타고난 '기질'과는 전혀 다른 것이다. 유년기의 경험과 습관이 축적되어 '공포 학습을

이상적인 자신이라는 환상을 리셋한다

159

하기 쉬운 뇌'가 되어 버렸을 뿐이다.

'무엇을 해도 안 되는 자신'은 본래의 당신이 아니다.

'가식적인 자신'을 버리고 '통증' 기억을 지운다

내향적이고 신경성이 높은 사람이 그 사실을 자각하기란 쉽지 않다. '자신의 성격이 싫다'는 데만 초점을 맞추고서 '더 훌륭한 사람이 되자.'라는 마음으로 노력한다.

그러면 '본래의 자신'에서 한참 벗어난 바깥쪽에 '이상적인 자신에 대한 이미지'를 그리게 된다.

다음의 그림처럼 사람은 태어나면서부터 가지고 있는 '기질'에 다양한 경험을 통해 얻은 기억을 쌓아 올리면서 서서히 성격을 형성한다.

이상적인 자신이라는 환상을 리셋한다

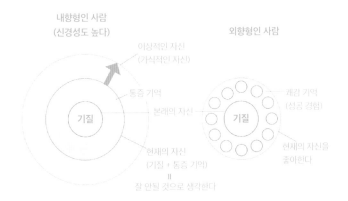

쾌감 학습을 하기 쉬운 뇌를 가진 외향형은 오른쪽 그림과 같이 본래의 기질에 더해 성공 경험쾌감 기억이 점점 쌓여 간다현재의 자신/성격을 좋아할 수 있다. '잘은 몰라도 어떻게든 될 거야!' 그러한 근거 없는 자신감에 찬 사람에게 외향형이 많은 이유도 쾌감 기억이 많기 때문이다.

그러나 내향형은 다르다. 왼쪽 그림을 보자.

신경성이 더해진 내향형인 사람은 부정적인 것을 깊이 생각하다가 통증 기억이 늘어나기 쉬워서 '기질 + 통증 기억'이 본래의 자신이라고 믿게 된다. 그러면 그런 자신을 부정하며 이상적인 자신이 되려고 한다.

그러나 이 이상적인 자신은 결코 본래의 자신이 아니다. 자신의 본래 기질을 인정하지 않고 완전히 정반대의 것이 되려고 하기 때문이다. 귀여운 개로 태어났는데 고상한 사자가 되려고 생각하는 것과 마찬가지다. 진짜 자신이 아닌 거짓된 자신을 나는 '가식적인 자신'이라고 부른다.

'가식적인 자신'은 본래 자신이 가진 기질과는 달라서 그 차이로 인해 왜곡이 생긴다. '조금 더 행동적인 사람이 되고 싶어.' '조금 더 사람들과 이야기하는 데 능숙한 내가 되고 싶어.' 그런 이상적인 모습에 다가가려고 하지만 원래 기질은 내향적이다. 많은 사람과 이야기하며 지나치게 자극받은 채 집에 돌아온 순간 갑자기 피로가 몰려오면서 하루 내내 잠을 자지 않으면 회복되지 않는 사람도 있다.

그러나 자신을 성장시키기 위해서는 정반대인 자신이상적인 자신이 되는 것이 아닌 우선 불편하다는 감각을 만들어 내는 '기억을 리셋' 하여 본래의 자신으로 돌아가는 것이 중요하다.

예를 들면, '다른 사람과 이야기하는 것이 불편하다'라는 통증이 강하다면, 그것을 소거 학습으로 리셋한다. 제4장에서 했던 성게를 좋아하게 된 소거 학습 이야기와 마찬가지로 하나하나의 통증 기억을 소거 학습을 통해 리셋하게 되면, 불편하다는 감각이 사라지면서 자신이 크게 성장했음을 느낄 수 있다.

많은 사람이 긍정적인 사람이 되려고만 애쓰지만, 실은 부정적인 것을 줄여 나가야 자신이 성장하는 데 가장 큰 도움이 된다.

'통증'이란 본래 과거에 경험한 기억을 토대로 뇌가 제멋대로 경고음을 울릴 뿐인 현상이다.

많은 사람이 후천적인 불편하다는 감각을 '성격'이라고 생각하지만, 모든 통증 기억을 리셋하면 태어났을 때의 '기질', 즉 당신이 가장 자연스러운 모습으로 있을 수 있는 중립적인 상태가 되며 쾌감 학습도 점점 늘어난다. 그리고 그런 자신을 점점 좋아하게 된다.

'성격 리셋'으로
어린 시절의 자신으로
돌아간다

'중립적인' 상태란 말하자면 천진난만한 아이와 같은 상태다.

어렸을 때는 묵묵히 그림 그리기를 좋아했으며, 그 무렵에는 그리고 싶은 것이 끊임없이 떠올랐는데, 어째서인지 어른이 되면서부터 그릴 수 없게 되었다. 그 이유를 찾아보니 부모에게 "그러고 있지 말고 공부해."라는 말을 들었던 기억이 통증이 되어 '자유롭게 그림을 그리고 싶다'는 자신의 솔직한 욕구에 뚜껑을 덮어 버렸기 때문이었다. 필자에게 상담받은 사람 중에서도 그런 경우가 제법 많았다.

'성격 리셋'이란, 지금까지 당신이 공포 학습을 통해 획득하

이상적인 자신이라는 환상을 리셋한다

게 된 '가식적인 자신'을 부수고 어릴 적 당신의 기질을 되찾는 작업이다.

필자는 종종 사람들에게 "바뀐다는 것은 원래대로 돌아가는 거예요."라고 말하고는 하는데, 본래의 자신으로 돌아가게 되면 스트레스에서 벗어난 상태가 된다.

공포 학습을 많이 해 온 사람은 '어차피 이 사람도 내 험담을 하고 있을 게 분명해.', '전에도 직장에서 이런 태도를 보이는 사람이 있었어. 이런 유형의 사람에게는 접근하지 않는 편이 좋아.' 이와 같은 다른 사람에 대한 선입견에 사로잡힌 경우가 많다.

이러한 선입견을 리셋하게 되면 다른 사람들과 이야기하는 것도 즐거워질 수 있다. '이야기해 보니 의외로 좋은 사람이었다.' 이처럼 자신에게도 새로운 깨달음을 얻게 될 수도 있다.

불편하다는 감각을 한 번 리셋하여 '생각했던 것보다 즐거웠다.', '의외로 좋은 사람이었다.' 그러한 쾌감 기억이 늘어나면 본래 기질이 내향적인 사람도 다양한 행동을 더욱 즐길 수 있게 된다.

이렇게 말하지만, 필자 역시 예전에는 통증 기억 투성이였다.

일이 되었든 사적인 자리든 여하튼 사람을 만나는 것이 너무나도 싫었다. 30대 초반에 자신의 성격을 다시 살펴보고 하나씩 성격을 리셋하면서 점차 사람들을 중립적으로 대할 수 있게 되었다.

상담받은 사람이 고마워하거나 기뻐하는 모습······. 대인에 관한 쾌감 기억이 늘어나면서 점점 '다른 사람과 더 이야기하고 싶다.', '많은 사람에게 자신의 생각을 전하고 싶다.' 하고 솔직하게 생각하게 되었다.

이러한 방법을 통해 양향형이 될 수 있었다.

'자신의 성격이 싫어' 고리에서 벗어나기 위한 단계

성격을 바꾸기 위한 포인트를 정리하자면 다음과 같다.

【1단계】처음 상태

→ 자신의 성격 = 통증

【2단계】성격 이행기

→ 자신의 성격 = 중립

【3단계】성격 성장기

→ 자신의 성격 = 쾌감

이를 토대로 외향성을 싫어한다고 생각하던 내향형인 사람이 양향형으로 바뀌는 흐름은 다음과 같다.

【1단계】처음 상태

→ 내향적 = 쾌감, 외향적 = 통증

【2단계】양향형으로의 이행기

→ 내향적 = 쾌감, 외향적 = 중립

【3단계】완전한 양향형 상태

→ 내향적 = 쾌감, 외향적 = 쾌감

* 외향형이 쾌감이 되는 사람도 있고, 중립이 되는 사람도 있다. 자신이 기분 좋은 상태라면 어떤 상태이든 상관없다.

리셋하게 되면 외향적인 행동이 '통증'이 아닌 '중립'으로 바뀌면서 선입견 없이 행동할 수 있게 된다.

'어차피 이렇게 되겠지.' 그러한 편향이 없는 상태이므로 모든 일을 신선한 마음으로 할 수 있게 되어 '성공 경험'의 빈도가 높아진다. '사람이 무섭다'라는 생각을 하면서 말할 때와 그런 생각이 없는 상태에서 말할 때는 말투도 달라진다.

그 결과 행동 자체가 '쾌감'으로 변화되기 쉬워진다.

인간의 뇌에는 '주목 편향'이라는 것이 있다. 예를 들면, '이 사람은 배신할 것이다'라는 선입견이 있으면 이를 뒷받침하는 정보에만 초점을 맞추게 된다. 이 사람은 이런 점이 수상하다며 점점 사소한 증거를 모으고 결과적으로 '역시 이 사람은 신뢰할 수 없는 사람이다'라는 경험이 쌓이게 된다. 선입견이 눈덩이처럼 점점 커진다.

그런 점에서 중립적인 상태가 되면 사물을 냉정하고 객관적으로 볼 수 있게 된다.

상대의 좋은 점과 나쁜 점 모두 있는 그대로 받아들일 수 있어 성공 경험을 쌓기도 쉬워지고, 쾌감 학습도 늘어난다.

뇌는 태어나서 일어난 모든 일을 기억한다

3단계에서는 내향적인 행동과 외향적인 행동 모두 쾌감이 되는데, 이러한 완전한 양향형을 목표로 할지 어떨지는 당신에게 달려 있다.

과거로 인한 강한 트라우마 때문에 아무리 해도 많은 사람과 이야기하는 것이 불편하게 느껴지는 사람도 있으니 우선은 '2단계' 이행기를 목표로 삼는다. 외향적인 행위를 중립적으로 받아들일 수 있는 상태를 목표로 해도 괜찮다.

예를 들면, 네 명 정도 있을 때면 대화를 즐길 수 있지만, 열 명, 스무 명 규모의 많은 인원이 된 순간에는 이야기를 하지 못하게 되는 사람도 있다. 필자의 지인은 예전에 학교 학급 회의에서 실수해서 엄청나게 놀림을 받았던 경험이 있다고 한다. 그 이후로 인원이 많은 공간에 있으면 심히 불편하다는 것이다. 그러할 때는 무리해서 많은 사람 가운데서 즐겁게 이야기할 수 있는 성격이 되려고 할 필요는 없다.

뇌는 태어나서부터 현재에 이르기까지 모든 사건을 기억한다는 사실이 수많은 실험을 통해서도 증명되었다.

뇌에는 의식적으로 떠올릴 수 있는 '현재 기억'과 무의식적으로 문득 떠오르는 '잠재 기억'이 있다. 수십 년 동안 기억나지 않았던 어린 시절의 기억이 목욕할 때나 길을 걷다가 갑자기 되살아나는 경우가 있는데, 그것이 '잠재 기억'이다. 영화를 보다가 잊고 있던 친구나 과거의 연애 기억이 되살아나거나, 꽃향기를 맡자 자신이 태어나고 자란 시골이 떠오르거나……. 뇌는 지금까지 일어난 일을 모두 기억하며, 어떤 계기로 그 기억들이 문득 의식에 떠오르는 경우가 있다.

'프라이밍 효과'라는 현상도 있다. 이는 처음 받은 자극에 따라 행동이 달라지는 뇌의 성질을 말한다.

예를 들어, 당신이 오늘 점심에 '카레가 먹고 싶네.'라고 생각했다고 하자. 그것은 어쩌면 2, 3일 전에 어딘가에서 카레 사진이나 미디어 정보 등을 보았기 때문일지도 모른다. 우리는 자신의 행동을 스스로 결정한다고 생각하지만, 실은 그동안 축적된 다양한 과거의 기억에 의해 판단하고 있을 뿐이다.

즉, '성격'이란 '기억의 집합체'라는 의미다.

우리는 편의상 기억의 집합체를 '성격'이라고 부르는 데 지나지 않으며, '통증'을 기억하기 쉬운 신경성이 있는 내향형인 사람은 아무래도 자기 자신을 '어두운 성격'이라고 착각하기 쉽다. 그 '통증' 기억을 리셋하게 되면, 여러분이 앞으로 할 행동도 점점 달라질 것이다.

6장

'사람'과 '환경'과 '행동'이 당신을 바꾼다

일상적으로 성격을
리셋하는 세 가지 방법

우리는 항상 '쾌감 학습'과 '공포 학습'을 한다. 그리고 '소거 학습'이라는 제3의 과정을 통해 성격을 리셋할 수도 있다.

세상에는 살아가면서 성격이 크게 바뀐 사람들이 있는데, 이러한 사람들의 공통점을 조사한 결과 다음과 같은 세 가지 습관이 성격 소거 학습과 관계가 있다는 사실이 드러났다.

1. 어울리는 사람을 바꾼다.
2. 환경을 바꾼다.
3. 행동을 바꾼다.

물론 사람마다 세세한 부분은 달랐지만, 앞에서 살펴본 세 가지가 가장 공통적인 항목이었다. 지금부터 각각의 요소에 대해 차례로 살펴보겠다.

<패턴 1> 어울리는 사람을 바꾼다
어울리는 사람이 당신의 일부가 되었다

세상에는 운이 좋은 사람이 있는데, 그런 사람과 함께 있으면 왠지 자신도 운이 좋아진 듯한 느낌이 들지는 않는가.

기분 탓이라고 하면 그만이지만, 이는 성공한 사람의 잘 되는 사고방식을 접하면, 우리가 지금까지 쌓아 온 가치관이 소거 학습을 통해 리셋되는 현상 중 하나이기도 하다. 하버드대학교의 연구 결과에서도 행복은 전염된다는 사실이 증명되었으며, 우리는 어울리는 사람의 영향을 다분히 받고 있다.

다만, 이 학습은 긍정적인 방향뿐만 아니라 부정적인 방향으로도 작용한다는 점을 주의해야 한다.

6장

참고로 이것을 뇌과학 분야에서는 '집단 편향'이라고 표현한다. 이는 소속된 집단에 의해 자신의 사고 패턴이 영향을 받게 되는 현상이다.

보통 사람이 쓰러져 있으면 일반적인 사람은 도우려고 한다. 하지만 만약 주변 사람들이 별로 관심을 보이지 않은 채 방관하고만 있다면, 자신 역시 도우려고 하지 않게 된다는 사실이 밝혀졌다.

미국의 연구 결과에서도 투자에서 위험을 선호하던 사람이 보수적인 사람들 그룹에 들어가면 위험이 적은 투자를 하게 되며, 보수적인 사람이 위험을 선호하는 집단에 들어가면 위험이 큰 투자를 선호하게 되는 것으로 나타났다.

설령 말은 하지 않아도 스트레스를 받는 사람을 보면, 자신도 같은 감정신경성이 드는 사람도 많다고 한다.

그동안 편향에 의한 사고 패턴 변화는 일시적인 것으로 여겨져 왔다. 하지만 날마다 반복되면 습관이 되어 성격의 일부가 된다.

동물조차도
성격이 변한다

인간뿐만 아니라 동물도 접하는 사람에 따라 성격에 영향을 받는다.

2019년 링컨대학교와 노팅엄트렌트대학교에서 영국에 거주하는 3,000명 이상의 고양이 주인을 조사했다.

그 결과 신경성이 강한 주인 밑에서 자란 고양이는 문제 행동을 일으키는 경우가 많았고, 성실성이 높고 양심적인 주인 밑에서 자란 고양이는 소거 학습으로 인해 불안이나 공격적인 행동을 보이지 않았다고 한다. 개도 비슷한 결과를 보였다.

나도 개를 키우지만, 외향성이 높은 주인은 외적 자극을 좋아하기 때문에 개가 흥분했을 때 저도 모르게 기뻐하며 흥분

하게 된다. 그 때문에 이것은 좋은 일이구나 하고^{쾌감} 개도 학습
하여 더욱 쉽게 흥분하는 개가 되고 만다.

반면 내향성이 높은 주인은 개가 흥분해도 별다른 반응을
보이지 않는다. 그 때문에 '흥분 = 중립'이 되어 쾌감 학습이 일
어나지 않고, 개도 필요 이상으로 흥분하지 않는 차분한 개가
된다고 생각된다.

흔히 비즈니스 분야에서도 자신의 수입을 늘리고 싶다면 수
입이 많은 사람들과 어울리라고 하는데, 이것이 꼭 거짓말이
라고만은 할 수 없다는 사실이 과학적으로도 증명되었다. 예
로부터 '스승을 두는 것'이 가장 학습 효율이 좋은 방법이라고
했는데, 오래전부터 사제 제도 같은 것이 존재했다. 이는 뇌과
학 측면에서 봐도 소거 학습을 하는 데 매우 효율적인 학습법
이다.

당신이 어울리는 사람은 당신의 일부가 된다. 물론 그것만
으로 모든 성격이 바뀌지는 않지만, 확실하게 성격의 질이 점
점 바뀐다. 만약 자신을 바꾸고 싶다면 자신에게 힘을 주는 사
람과 어울리면서 소거 학습을 하는 것이 중요하다.

"저는 주위에 어울리고 싶은 사람이 없어요!"라고 하는 사람도 있는데, 그러한 경우에는 존경하거나 동경하는 사람의 동영상을 보기만 해도 소거 학습이 일어날 수 있다.

고민이 생겼을 때 큰 어려움을 이겨내고 맹활약 중인 사람의 동영상을 보면 기분이 달라지거나 고민이 사라지기도 하는데, 그 이유 중 하나는 소거 학습이 일어났기 때문이다. 우리는 평소에 접하는 것과 점점 비슷해진다.

<패턴 2> '환경'이 성격을 리셋한다
지구 어디에 사느냐에 따라 성격이 달라진다

이웃한 행정 구역에 사는 사람들은 성격에 비슷한 경향을 보인다.

지리적으로 가까운 지역의 성격이 비슷해지는 경향은 미국, 영국, 러시아, 중국, 스위스 등 세계적으로 이루어진 조사에서도 드러났다.

다음의 그림은 미국의 신경성과 개방성을 나타낸 성격 지도다.

뉴욕과 보스턴 등 동부에 있는 주의 주변에서는 신경성이 높고, 로스앤젤레스와 캘리포니아 지역 등 서부 주변은 낮은 모습을 알 수 있다.

개방성 지도에서도 이웃한 주에서 비슷한 성격 특성을 보이는 것으로 보아 각 주에서 그 지역의 성격이 서로 영향을 주고받는 모양이다.

그 지역의 경제 상황^{연 수입} 등도 성격에 영향을 주는 것으로 보고되었다.

미국의 성격 지도 (분포도)

신경성

개방성

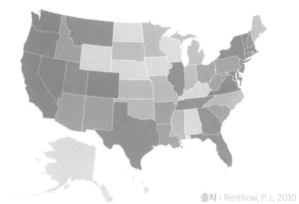

출처 : Rentfrow, P.J., 2010

'사람'과 '환경'과 '행동'이 당신을 바꾼다

자연환경이
뇌에도 영향을 미친다

게다가 우리의 성격은 또 다른 환경 요인에도 영향을 받는다. 바로 '사는 지역의 자연환경'이다.

사는 지역의 기후와 온도에 따라 성격이 변화한다는 이야기는 유명하다.

2017년 조사에서도 22℃ 전후의 쾌적한 환경에서 자란 사람은 신경성이 낮아지는 경향이 있다고 한다. 극도로 추운 곳이나 작열하는 사막 등에서 사는 사람들은 살아가려면 항상 위험을 생각해야 한다. 그래서 부정적인 것에 초점을 맞추는 신경성이 높아진다고 한다.

이는 사는 환경에 따라 성격이 리셋되어 새로운 패턴이 만들어진다는 의미다.

더불어 너무 추운 지역은 연중 햇빛 조사량도 적어서 릴렉스 호르몬이라고도 불리는 뇌 속 세로토닌이 많이 분비되지 않아 신경성이 더 높아진다고 한다.

하와이에 가면 왠지 편안하고 평온한 기분이 드는데, 이는 낮은 습도와 쾌적한 온도로 온화한 하와이의 기후가 신경성을 리셋했기 때문인지도 모른다. 신경성을 낮추고 싶다면, 우선은 환경을 바꾸어 보는 것도 하나의 방법이다.

이처럼 수많은 요소가 하나하나 합쳐져 성격을 이룬다. 환경을 바꾸는 것은 성격을 바꾸는 데 매우 중요한 과정인 셈이다.

이동 거리가 사람의 성장에
비례한다

    지금까지 살펴본 것처럼 성격은 '어울리는 사람'과 '사는 환경'에 영향을 받는다. 그런 의미에서 성격이 가장 크게 성장할 수 있는 길은 '거리가 떨어져 있고 다른 가치관을 가진 사람들이 사는 지역'을 찾아가는 것이다.

    일이나 여행, 이벤트로 지금까지 가 본 적 없는 장소에 가면 그동안 고민했던 일이 보잘것없이 느껴지거나 사소하게 여겨지는 경험을 한 적이 없는가.

    우리는 평소와 같은 장소에 계속 있으면 뇌가 학습을 끝내버리기 때문에 '익숙함'이라는 상태가 된다. 새로운 자극이 없는 이러한 상태에서는 성장하는 일도 없다.

그러나 지금까지 가 본 적이 없는 곳에 가면 생각이나 가치관이 달라지면서 삶의 방식이 바뀌는 경우가 종종 있다. 이것이 바로 소거 학습이라는 하나의 경험이다.

실제로 독일 프리드리히실러예나대학교의 연구 결과에서는 '유학하면 성격이 크게 바뀐다'는 사실이 밝혀졌다. 한 학기, 혹은 1년 유학한 학생은 신경성이 낮아지고 우호성뿐만이 아니라 새로운 것에 도전하는 경향이 뚜렷하게 높아지는 것으로 나타났다.

이미 유학 전에 수치가 높았던 성격 '외향성', '개방성', '성실성'도 유학 후에 큰 성장을 보였다.

필자의 지인 중에도 '내향적인 자신을 바꾸고 싶다'는 생각에 해외로 유학 간 사람들이 있는데, 실제로 성격이 크게 바뀐 사람도 있다.

외국에 있으면 부끄러움을 느낄 겨를도 없이 어떻게든 말하려고 애쓰게 된다. '어떻게 말하면 될까?' 하고 말을 진지하게 생각하는 사이에 '자신이 어떻게 보일까?'라는 생각이 흐릿해진다. 그 덕분에 지금까지 보이지 않았던 다른 부분, 사람의 온기도 깨닫게 되었다고 한다. 바로 소거 학습이다.

귀국 후에도 그는 여전히 사교적이며, 실제로 만나 보면 옛날과는 달라서 놀랄 때가 있다. 이것이 그의 본래 성격이었는지도 모른다. 전혀 낯선 지역에서 쾌감을 수반하는 새로운 경험을 쌓고 통증 성격이 리셋되어 본래의 자신을 되찾을 수 있었다.

'역할'에 따라
인격이 변한다

후천적으로 성격을 리셋하는 큰 요소 중 하나가 '역할'이다. 이에 따라 그 사람의 성격이 바뀐다.

"예전에는 그 사람이 항상 날을 곤두세우고 있어서 다가가기가 어려웠는데 요즘 많이 둥글어졌어."

여러분의 주변에서 그런 사람을 본 적이 없을까?

사람은 뜻하지 않게 성격이 크게 바뀌는 경우가 있다. 결혼하거나, 직책이 바뀌거나, 교통사고를 당하거나 일하다 큰 좌절을 겪게 되면서 처치가 달라지거나……. 큰 전환점을 거쳐 "마치 사람이 달라진 것 같아."라는 말을 듣는 경우다. 나 자신

도 큰 병을 앓으면서 사회적으로 처지가 달라진 일을 계기로
성격이 크게 바뀐 한 사람이다.

이는 '역할적 성격'에 따라 성격이 달라지는 현상으로 알려
져 있다.

아이가 태어나 아버지가 되면 성격이 듬직해지거나, 경영
자가 되면 타인에게 엄격해지거나 자신감을 가지는 등 '성격
이 역할에 따라 영향을 받는' 현상이다.

애인이 생기면 그 사람의 취향에 맞게 변하는 사람도 있다.
사람은 사회적 입장이나 역할이 주어지면 자연스럽게 그렇게
되려고 하면서 성격도 영향을 받는다는 사실이 밝혀졌다.

'세대 차이'라는 말의 존재는 시대에 따라서도 성격이 점차
변화한다는 사실을 나타낸다. 여러 가지 원인을 생각할 수 있
겠지만, 일본의 거품 경제 때와 같이 과열된 상승 지향 시절을
보낸 사람들은 인생을 긍정적으로 보는 경향이 있다. 반대로
경제가 안좋은 시절을 보낸 세대는 아무래도 미래에 대한 희
망이나 빛을 느끼지 못한 채 위험 회피 사고를 하게 될지도 모
른다.

평소 지니고 다니는 소지품이나 외모에 영향을 받기도 한다. 이전에 자신감이 없는 경영자의 상담을 받았던 적이 있는데, 고급 시계를 차고 머리 모양도 바꾸도록 하고, 패션도 코디를 받자 '자신' = '좋은 것을 지니는 사람'이라는 소거 학습이 일어나 자신감을 얻게 된 사례도 있었다.

고급 가방을 들거나 운동화를 신으면 행동과 사고방식이 달라지는 사례도 있었다.

항상 손톱을 꾸미지 않던 여성이 아름다운 네일 아트를 받더니 '자신' = '아름답다'라는 소거 학습이 일어나면서 미용에 관심이 생겨 자신을 소중하게 여기게 된 경우도 있었다.

연예인도 흔히 자신의 수준보다 조금 더 좋은 집에 살면, 성공하기 쉬워진다는 징크스가 있다고들 하는데, 이 또한 '좋은 품질의 환경' = '자신'이라는 소거 학습을 통해 우리의 생각과 행동이 영향을 받는지도 모른다.

우리는 어울리는 사람이나 주변 환경에 다분한 영향을 받는다. 자신의 사고방식, 성격, 행동이 싫다면 자신 탓이 아니라 어쩌면 환경에 원인이 있을지도 모른다.

<포인트>

'환경'을 바꾸어 성격을 바꾼다

• 거처를 바꾼다.

• 해외에 간다.

• 이직한다.

• 독립한다.

• 혼자 산다.

• 취미나 커뮤니티를 바꾼다.

• 결혼한다.

• 동물을 키운다.

• 외모나 패션을 바꾼다.

• 소지품을 바꾼다.

• 한 단계 수준 높은 경험을 한다.

• 인테리어를 바꾼다.

<패턴 3> '행동'을 바꾼다
속임수가 당신을 변하게 한다

지금까지 어울리는 사람과 환경의 중요성에 대해 살펴보았는데, 행동 또한 성격 형성에 매우 중요한 요소다.

그중 하나로 척을 하면 보다 성격이 바뀌기 쉬워진다는 사실을 들 수 있다.

이는 케이스웨스턴리저브대학교에서 이루어진 연구인데, 참가자 90명에게 "어떤 성격에 관한 교재를 작성해야 하니 등장인물이 되어 주세요."라고 부탁했다.

그리고 "가능한 한 감정이 안정적인 사람이나, 희로애락이 그대로 드러나는 사람인 척_{연기}을 하면서 자기소개를 해 주세요."라고 전했다.

연기한 후에 잠시 시간을 두고 감정 안정도 테스트를 했는데 다음과 같은 결과가 나왔다.

- 감정이 안정적인 척을 한 사람 → 6.9점 (차분한 성격이었다)
- 희로애락이 그대로 드러나는 척을 한 사람 → 19.1점 (감정 기복이 심한 성격이었다)

* 25점 만점 중 0점에 가까울수록 차분하고, 만점에 가까울수록 감정이 불안정하고 희로애락이 그대로 드러나는 성격

그 차이는 역력했는데, 연기했을 뿐인데도 무려 세 배 가까이 성격적인 특징이 바뀐 것이다. 어떻게 보면 다른 사람이라고도 할 수 있겠다.

연기할 때만 그렇다면 이해가 가지만, 연기를 마친 후에도 계속 성격에 영향을 받았다.

흔히 직급이 올라가면 처음에는 자신이 없다가도 그 직급답게 행동하다 보면 점점 자신이 그 자리에 어울리는 사람이라는 생각이 들게 된다. 이것이 바로 연기함으로써 뇌가 가진 이미지가 쾌감으로 바뀌며 소거 학습이 일어나는 현상이다.

예전에 공무원 일을 그만두고 창업했을 때, 처음에는 경영 자인 내 자신이 과분하게 느껴졌다. 그러나 고객이 경영자로 보는 기회가 많아지고, 나도 그렇게 되려고 연기하는 사이에 점점 주변 사람들에게 "관록이 붙었네."라는 말을 듣게 되었고, 그럴듯한 언행을 하는 자신을 발견하는 순간이 있었다.

다른 연구 결과에서도 내향형인 사람은 외향형인 사람의 행동을 모방하면 외향성이 높아지거나 행복도가 올라간다는 사실도 밝혀졌다.

수많은 조사를 통해서도 자신이 아닌 다른 사람인 척을 하다 보면 어느샌가 성격에도 영향을 받는다는 사실이 입증되었다.

이상적인 사람의 몸 안에
들어가면 뇌가 바뀐다

게다가 최근에는 기술이 발전함에 따라 가상현실 세계에서 다른 사람의 몸에 들어가면 성격이 바뀐다는 흥미로운 연구 결과가 2020년에 발표되었다.

스웨덴 카롤린스카 연구소에서 이루어진 상상 속에서 친구의 몸에 들어가는 실험이다.

친구끼리 짝을 이룬 33쌍을 대상으로 각자 헤드셋을 장착하도록 지시한다. 헤드셋을 쓰면 자신에게 보이는 영상은 친구가 헤드셋으로 보고 있는 세계다.

자신이 마치 친구의 육체에 들어간 것만 같이 느껴진다. 실제로 연구자가 친구에게 칼을 가까이 가져가면 실험 참가자는 마치 자신에게 칼을 들이미는 것처럼 느껴 땀까지 흘릴 정도로 현실 같았다고 한다.

참가자들은 이 실험에 참여하기 전에 성격 검사를 받았는데, 친구의 몸에 들어간 지 몇 분 지나지 않아 성격 검사 결과가 친구의 성격과 점점 비슷해지는 것으로 나타났다.

더불어 친구의 몸에 칼을 가져다 댔을 때 크게 반응했던 사람일수록 성격도 크게 변화했다고 한다. 즉, 현실같이 느끼며 상대방의 세계에 깊이 들어갔을수록 성격에도 큰 영향을 받았다는 의미다.

이상적인 사람과
가까워지는 단계

이처럼 행세를 하거나 완전히 다른 사람인 척하면, 성격이 점점 바뀐다는 사실이 수많은 연구를 통해 밝혀졌다. 왜 이런 일이 일어나는 것일까? 자세한 이유는 앞으로 분석해 봐야겠지만, 아마도 상상하면 거울 뉴런을 통해 소거 학습 시 신경망이 활성화되며 성격이 변한 것이 아닐지 추측한다.

현장에서 1,000명이 넘는 사람들을 대상으로 시험해 봤는데, 짧은 시간에 성격이 바뀌는 사람도 있어 놀란 적이 있다_{물론 개인차가 있다}. 간단하게 만든 것이지만, 다음 단계를 따라 해 보면 재미있는 경험을 할 수 있을지도 모르니 해 보기를 바란다.

상상하기 어려운 사람은 이상적이라고 생각하는 사람의 사진을 보면서 해도 효과적이다.

● 1단계 : 이상적인 사람이나 그렇게 되고 싶은 동경하는 사람을 특정한다.

존경하는 경영자, 운동선수, 예술가, 건축가, 역사적인 위인, 허구의 등장인물영화, 애니메이션, 소설 등을 한 명 정한다.

● 2단계 : 눈을 감고 이상적인 사람을 떠올린다.

눈앞에 당신이 이상적이라고 생각하는 사람, 존경하는 사람을 떠올린다. 어떤 표정을 짓고 있을까? 어떤 복장을 하고 어떤 분위기가 나는지 느껴 본다. 그 사람을 보면 어떤 기분이 들까?

● 3단계 : 상상 속에서 한 걸음 더 나아가 이상적인 사람동경하는 사람의 몸속으로 들어가 본다.

그 멋진 감각을 느끼면서 이상형의 몸속으로 쏙 들어가 본다. 이때 어떻게 호흡하고 있는지 확인한다. 속도가 빠른가? 느린가? 다른 사람을 볼 때 상대방을 어떻게 보는가? 마음속에 어떤 말이 떠오르는가? 어떻게 이야기하는가? 어떤 손동작

'사람'과 '환경'과 '행동'이 당신을 바꾼다

201

을 하는가? 무리해서 상상할 필요는 없다. 아마도 이런 느낌이 아닐까 싶은 형태로도 괜찮다.

● 4단계 : 잠시 이상적인 사람의 감각을 음미한다.

몸에 들어갔다면 그 안에 있는 기분 좋은 느낌을 음미한다.

지금까지와 달리 사람들과 이야기할 때 어떻게 이야기하는가? 어떻게 호흡하고 있는가? 어떤 눈빛으로 상대방을 보고 있는가? 상대방의 목소리가 지금까지와 달리 어떤 식으로 들려오는가? 지금까지와 달리 어떤 마음으로 상대를 대하는가?

잠시 음미하고 나면 눈을 떠 보라.

어떠한가? 상상하는 데 서툰 사람도 있으니 무리해서 명확하게 그리지 않아도 괜찮다. 그냥 이런 느낌일까 하는 감각만으로 변화가 일어나는 사람도 있다.

예전에는 과학 분야에서 상상 효과에 대해 다소 미심쩍어했지만, 최근에는 다양한 연구를 통해 뇌에도 영향을 미친다는 사실이 차차 검증되고 있다.

진지하게 하면 효과가 반감되므로 논다는 기분으로 어깨의 힘을 빼고 해 보길 바란다.

여담이지만, 이전에 기업 연수를 나갔을 때 스티브 잡스가 되고 싶다는 사람이 있어서 실제로 들어가 보라고 했던 적이 있다. 연습이 끝난 다음 참가자 모두가 놀랐다.

그 사람 본인은 눈치채지 못했지만, 연습을 마친 그사람의 목소리가 눈에 띄게 낮아져서 마치 스티브 잡스와 같은 질감의 목소리를 내고 있었다.

처음에는 장난치는 줄 알았는데 자연스럽게 그 목소리가 나오는 모양이었다. 잡스를 각별하게 사랑하던 그 사람은 그의 애플 제품 프레젠테이션 영상을 수없이 봤다고 한다. 아마도 그의 뇌 속에 무수한 잡스의 음성 정보가 있어서 그 기억이 본인의 어떤 신경망에 결부되어 영향을 받았는지도 모른다.

실제로 그 후에 잡스처럼 아이디어까지 척척 나오게 되자 본인도 놀랐었다.

상상만 해도 머리가 좋아진다는 연구 결과는 알고 있었지만, 이 정도일 줄은 몰랐다. 실제로 자신에 대한 이미지만 바뀌어도 머리까지 똑똑해질 수 있다는 사실을 알게 된 값진 경험이었다.

필자도 직업상 강연회나 연수 등에 나가 사람들이 생각을 리셋할 수 있도록 돕는데, 작은 행동만 하게 해도 빠른 사람은 한 달, 긴 사람은 반년에서 1년 정도에 걸쳐 확실하게 성격이 바뀌어 간다.

앱을 이용하면 성격이
리셋되는 놀라운 실험

최근에 세계적으로 화제가 된 연구가 하나 더 있다. 바로 '스마트폰 앱을 이용하면 3개월 만에 성격이 바뀐다'는 놀라운 데이터를 발표한 것이다.

2021년 스위스 취리히대학교에서 1,523명을 대상으로 이루어진 비교적 규모가 큰 조사다.

'PEACH'PErsonality coACH라는 이름의 앱으로, '이런 성격이 되고 싶다'라고 선택하면, 앱에 탑재된 챗봇이 그로부터 역산하여 행동 지시를 내준다연구용 앱이어서 현재는 운영 종료되었지만, 메일 주소와 개인 정보 등으로 신청하면 영어 버전을 일부 이용할 수 있는 듯하다.

예를 들어, '외향적'이 되고 싶다고 하면 '만남을 더 늘린다', '신경성'을 낮추고 싶다면 '자주 명상하거나 감사한다', '성실성'을 높이고 싶다면 '일을 마치고 돌아오면 집에서 한 시간 정도 기술 향상을 위한 과제에 수행한다'와 같은 지시가 주어진다.

작업을 완료하지 않으면 푸시 알림이 뜨며 행동을 촉진하도록 짜여 있다.

이 앱을 3개월 동안 사용하며 이상적인 성격에 걸맞은 행동을 계속하게 한 결과 앱을 사용한 사람은 그렇지 않은 사람에 비해 이상적인 성격에 확실하게 가까워진 것으로 나타났다.

게다가 참가자의 주관뿐만 아니라 주변 지인들도 성격에 대해 달리 평가할 정도로 변화했다고 한다. 앱 사용을 그만둔 지 3개월이 지난 후에도 변화된 성격이 유지되었다. 참고로 개선하고 싶은 성격은 신경성을 낮춘다 , 성실성을 높인다 , 외향성을 높인다 , 개방성을 높인다와 우호성을 높인다가 각각 4~7%였다고 한다.

왜 행동만 했을 뿐인데 이런 일이 일어나는 것일까?
그 비밀은 행동과 소거 학습에 있다는 사실이 밝혀졌다.

행동에 의해
소거 학습이 일어난다

서던메소디스트대학교와 일리노이대학교에서 성격이 가장 변하는 행동이 무언인지를 조사했다.

그 결과 다음과 같은 사실을 알아냈다.

'행동이 성공적이라고 생각할수록 성격이 달라졌다.'

즉, 뇌가 쾌감을 느낌으로써 소거 학습이 일어나고 있었던 것이다.

반대로 새로운 행동을 해도 성공적이라는 생각이 들지 않은 사람은 되고 싶었던 성격과 반대되는 성격이 되어 버렸다고 한다. 이는 공포 학습이 일어났다는 의미다.

행동이 성공하면 뇌가 그 쾌감을 학습하여 '소거 학습'이 일어난다.

예를 들면, 인사에 서툴렀던 사람이 우연히 인상 좋은 이웃 사람에게 인사해 봤더니 상대가 함박웃음을 지으며 "좋은 아침이에요!"라고 대답해 주었다. 그러면 '인사하니까 의외로 기분이 좋네, 너무 좋다!'라는 생각에 기분이 좋아진다. 바로 소거 학습이다. 지금까지 축적된 통증이 리셋되어 외향성도 더욱 자연스럽게 높아질 것으로 기대된다.

하지만 인사한 상대가 우연히 고집불통인 사람이었다. 상대방이 말없이 노려보는 무서운 경험을 하면, '이제 두 번 다시 인사하지 않겠어!' 하고 마음속으로 맹세할지도 모른다. 공포 학습으로 인해 뇌는 외향적인 행동을 불편하게 여기는 감각이 더욱 강해진다. 새로운 행동을 해도 오히려 내향성이 강화되고 만다.

성격을 바꾸고 싶다고 해서 '아무 행동이나 해도 되는' 것이 아니다. 그 행동이 성공하고 쾌감을 동반하는 것이 중요하다.

따라서 중요한 것은 '성격을 바꾸려고 무리해서 행동하면 절대 안 된다'는 점이다.

작은 행동이나 목표를 설정해야 지금까지 축적된 통증 학습을 리셋하며 소거 학습을 촉진해 준다.

'성격을 바꾸려면 아무리 작은 행동이더라도 성공 횟수가 중요하다'는 말이다.

성격을 바꾸는
100가지 행동 목록

    여러분이 성격을 바꾸는 데 도움이 되도록 '성격을 바꾸기 쉬운 100가지 행동 목록'을 준비해 보았다.

    행동을 변화시키는 앱 'PEACH'에서도 제안하던 70가지가 넘는 구체적인 행동 목록과 하버드대학교의 행동분석학자 버러스 스키너가 제창한 '스몰 스텝'이라는 학습 이론을 인지 행동 요법에 응용하여 실행 가능한 작은 단계들을 목록으로 만든 것이다.

    우선 이 목록 중에서 해 보고 싶은 행동을 몇 가지 고르고, 그중에서 실천하기 쉬운 것을 매주 네 가지씩 골라서 실행해 보라.

그리고 주말에 성공한 것을 컴퓨터나 스마트폰, 노트 등에 기록한다.

그다음 주에는 새로운 네 가지 행동을 추가로 골라 본다. 전 주보다 난도를 조금만 높여 보는 것도 좋다'프로젝트 리더로 나선다' 등 난도가 상당히 높은 행동보다 'SNS에 긍정적인 댓글을 달아 본다' 등 어떻게든 노력하면 할 수 있을 것 같은 행동을 고르는 편이 더 좋다.

이를 한 달에서 수개월에 걸쳐 실천하다 보면 성공 경험이 늘어나면서 소거 학습이 일어나 성격이 리셋되며 점점 성장하는 효과를 기대할 수 있다. 무리하지 않는 선에서 실천해 보기 바란다.

신경성이 높은 사람은 우선 신경성을 낮추기 위한 행동을 실천하면 원활하게 변화하게 된다. 내향성인 사람은 신경성이 낮아지면 사회적 기술이 높아지기 쉬워진다고도 한다.

바꾸고 싶은 성격뿐만 아니라 평소에 별로 하지 않던 다양한 종류의 행동도 도입하면, 변화를 실감하는 게 더 쉬워질 수 있다.

참고로 내향형인 사람은 성실성과 인간관계에 관한 기술이

향상되면 행복도가 높아진다. '식기는 사용하고 나면 바로 치운다' 등 아무리 작은 것이라도 좋으니 성실성을 높이는 행동을 하게 되면 행복도가 높아진다.

3장에서도 이야기했듯이 외향적인 사람과 내향적인 사람은 완전히 반대되는 행동을 하지는 않는다. 2만 명을 대상으로 한 조사 결과에서도 외향형과 내향형은 의외로 행동에 공통적인 부분이 많다는 사실이 밝혀졌다.

외향적인 사람은 내향형보다 5~10% 정도 높은 빈도로 중간 수준의 외향적인 행동을 하는 것으로 나타났다.

즉, 내향형인 사람이 5~10% 정도만 외향적인 행동을 하면 겉보기에도 외향형 유형이 될 수 있다는 말이다.

조금만 외향적이고 성실성이 있는 행동을 하면 뇌가 소거 학습을 통해 점점 바뀐다. 즐기면서 꼭 실천해 보기 바란다.

일주일에 걸쳐 네 가지 행동을 실천한 다음에 조금 더 수준 높은 행동에 도전하면 성격을 바꾸기가 더욱 쉬워진다.

성격을 바꾸는
100가지 행동 목록

1 | 부정적인 감정을 잠시 관찰해 본다.

2 | 허리를 펴고 가슴 위치를 1mm만 올린 채 걸어 본다.

3 | 보폭을 2cm만 늘려서 성큼성큼 걸어 본다.

4 | 부정적인 기분이 들면 심호흡한다.

5 | 신경 쓰이는 일이 있으면 아침에 일어나서 마음이 개운해 질 때까지 어떤 기분인지 적어 본다.

6 | 하루 동안 느낀 자신의 감정을 전부 적어 본다.

7 | 잠에서 깨면 공기를 마실 수 있음에, 평화로운 세상에 살 고 있음에 감사한다.

8 | 시야에 많은 미소가 들어오는 장면을 상상해 본다.

9 | 엘리베이터나 에스컬레이터를 이용하지 않고 계단으로

올라가 본다.

10 | 하루에 5분만 좋아하는 것을 즐긴다.

11 | 스트레스를 받으면 자신보다 더 불우한 사람이 있음을 상상한다.

12 | 오늘 성공한 일 다섯 가지를 적어 본다.

13 | 즐거웠던 예전 추억의 사진을 방에 장식해 본다.

14 | 자신이 행복을 느끼는 대상을 스마트폰으로 촬영한다.

15 | 머리, 눈 주위, 턱 등 힘이 들어가기 쉬운 부분(근육)을 이완시키는 상상을 한다.

16 | 아침에 일어나면 "오늘은 행복하기를 선택할게요."라고 말해 본다.

17 | 불안감을 느끼면 "당신은 불안감을 선택한 자신을 용서합니다."라고 말해 본다.

18 | 마음속 목소리의 크기를 1.5배로 키워서 말해 본다.

19 | 누군가에게 칭찬받으면 평소보다 더 큰 목소리로 "고마워."라고 말해 본다.

20 | 하루에 5분만 요가, 스트레칭, 운동 등 몸을 움직이는 시간을 가진다.

21 | 천천히 맛있는 것을 음미하여 재료 본연의 맛을 느껴 본다.

22 | 인생에서 가장 웃었던 일을 떠올린다.

23 | "대단해!", "이 소파는 편안하네.", "소리가 예쁘다." 하고 작은 것을 칭찬해 본다.

24 | 다른 사람을 위해 작은 친절을 베풀어 본다(문을 열어 주는 등).

25 | 낙담했을 때는 "걱정한 일의 90%는 실제로 일어나지 않아."라고 말해 본다.

26 | 누군가에게 화가 나거나 짜증이 났을 때 그 사람의 좋은 점을 2분 정도 상상해 본다.

27 | 소리 내어 웃는 상상을 해 본다.

28 | 긍정적인 감정을 느끼면 적어도 2분 동안 마음속으로 그것을 깊이 탐구해 본다.

29 | 적어도 1분 동안 자신의 좋은 점과 장점을 적어 본다.

30 | 다른 사람에게 도움을 청해 본다.

31 | 친한 사람과 무언가 즐거운 일을 해 본다.

32 | 노력하고 최선을 다했다면 나머지는 하늘에 맡겨 본다.

33 | 다른 사람에게 감사의 마음과 그 이유를 전한다.

34 | 부정적인 생각의 긍정적인 측면을 찾아 본다.

35 | "싫어하는 사람을 용서할 수 없는 자신을 용서합니다." 라고 말해 본다.

36 | 절, 대자연 등 영험한 곳에 가 본다.

37 | "지쳤어."가 아닌 "충전 중이야."라고 말해 본다.

'사람'과 '환경'과 '행동'이 당신을 바꾼다

38 | 어렸을 때 부모에게 하지 못했던 말을 해 본다.

39 | 잠들기 전에 내일 기대되는 일을 한 가지 생각해 본다.

40 | 마음을 터놓을 수 있는 사람과 적어도 한 시간을 보내 본다.

41 | 불편한 일이 생기면 "이 일이 내가 성공하는 데 어떤 도움이 될까?"라고 질문해 본다.

42 | 다른 사람에게 비판받으면 "작은 새가 지저귀는구나." 라고 말해 본다.

43 | 걱정거리가 있을 때 다른 사람에게 말해 본다.

44 | 미래도 과거도 아닌 지금 이 순간을 최대한 즐겨 본다.

45 | 과거에 성공했던 일을 떠올려 본다.

46 | 결정에 불안을 느낄 때는 선택지의 장단점 목록을 작성해 본다.

47 | 지금까지 인생에서 어떤 좋은 것을 끌어당겨 왔는지를 적어 본다.

48 | 과거에 당신에게 상처를 준 사람을 특정하여 그들을 용서하는 상상을 해 본다.

49 | 잠들기 전에 '오늘은 인간관계에서 어떤 좋은 경험을 했을까?' 하고 돌아본다.

50 | SNS에 긍정적인 댓글을 달아 본다.

51 | 주변 사람과 날씨나 최근 화제가 된 것에 대해 잡담을 나누어 본다.

52 │ 계산대 사람에게 "고마워요/감사합니다." 등 감사의 말을 건네 본다.

53 │ 초면인 사람을 만나면 묻고 싶은 것을 나열해 본다.

54 │ 커피를 마시면서 동료나 친구에게 자신의 인상에 관해 물어본다.

55 │ 평소 느긋하게 보낼 때 밖에 나가서 무언가 활동적인 일을 해 본다(예를 들면, 예술이나 스포츠, 친구를 만나는 등).

56 │ 상대방에게 "무슨 일을 하시나요?", "왜 그 일을 하려고 생각하셨나요?"라고 물어본다.

57 │ 최근에 있었던 재미있는 이야기를 메모해서 누군가에게 말해 본다.

58 │ 아무에게도 말하지 않은 것을 누군가와 공유해 본다.

59 │ 별로 이야기해 본 적이 없는 사람에게 인사해 본다.

60 │ 블로그나 SNS에 즐거웠던 경험담과 흥미로운 정보를 올려 본다.

61 │ 카페나 레스토랑 직원에게 추천 메뉴를 물어본다.

62 │ 누군가가 의견을 물으면 자신의 마음을 있는 그대로 솔직하게 전해 본다.

63 │ 친구나 지인을 집으로 불러 파티를 열어 본다.

64 │ 수업이나 회의에서 손을 들어 본다.

65 ｜ 누군가를 차나 식사 자리에 초대해 본다.

66 ｜ 한동안 못 본 사람에게 연락해 본다.

67 ｜ 친한 사람에게 문제나 고민을 이야기해 본다.

68 ｜ 술을 마시며 사람들과 교류할 수 있는 장소에 가서 새로운 사람과 대화해 본다.

69 ｜ 프로젝트 리더로 나선다.

70 ｜ 자원봉사 행사에 참여해 본다.

71 ｜ 자신을 의지하는 사람들의 목록을 적어 본다.

72 ｜ 잠을 푹 잔다.

73 ｜ 식기는 사용하고 나면 바로 치운다.

74 ｜ 미루고 있는 일과 왜 자신이 그렇게 하고 있는지 이유를 생각해 본다.

75 ｜ 5분 동안 인간관계에서 감사하는 일의 목록을 적어 본다.

76 ｜ 눈동자에 웃는 얼굴을 비추며 이야기해 본다.

77 ｜ 무언가를 부탁할 때는 "부탁해도 될까요?", "고마워." 라고 말해 본다.

78 ｜ 엘리베이터에서 내릴 때 버튼을 눌러 상대가 먼저 내리도록 양보한다.

79 ｜ 오늘 누군가가 자신에게 해 준 좋은 일을 적어 본다.

80 ｜ 평소에는 말하지 않는 사람에게 "고마워."라고 전해 본다.

81 ｜ 사랑하는 사람이나 소중한 사람(친구, 가족 등)의 좋은

점에 대해 생각해 본다.

82 | 편의점이나 카페 계산대 앞에 놓인 기부함에 자선 기부한다.

83 | 친구에게 격려 메시지를 보내 본다.

84 | 친구나 가족에게 진심 어린 작은 찬사를 보내 본다(상대방에 관해 좋아하는 점을 전하고 상대방의 성격을 진심으로 칭찬해 본다/친절에 대한 감사 메시지나 편지도 괜찮다).

85 | 심술궂은 말을 하고 싶을 때는 저도 모르게 웃어 버렸던 우스웠던 이야깃거리를 떠올린다.

86 | 주변 사람들이 자신과 약속을 지킨 횟수의 목록을 작성해 본다.

87 | 상대방의 말에 경의를 표하고 진지하게 귀를 기울여 본다.

88 | 지금까지 본 적이 없는 새로운 영화나 동영상을 시청해 본다.

89 | 음식점에서 기존에 먹어본 적 없는 새로운 메뉴를 고른다.

90 | 가치관이나 일이 자신과는 전혀 다른 사람과 이야기하는 시간을 가진다(인종, 직종 등).

91 | 지금까지 해 보지 않았던 새로운 활동을 실천해 본다.

92 | 무언가 아름다운 것(자연이나 예술 등)을 발견하면 주변 사람들에게 공유한다.

93 | 차를 운전할 때 다른 차에 앞을 양보해 준다.

94 | 청구서를 받으면 돈을 바로 납부한다.

95 | 더 잘할 수 있었던 일을 적고 그것을 실행한다.

96 | 누군가에게 커피나 음료수를 한 잔 사 준다.

97 | 다른 사람에게 친절하고 상냥한 대하는 사람에게 그렇
게 된 동기를 물어본다.

98 | "뭐 도와줄까?" 하고 상대방에게 물어본다.

99 | 의견에 동의할 수 없을 때는 순수하게 상대방의 관점에서
왜 상대방이 그렇게 느끼는지 이해하려고 해 본다.

100 | 하루에 1분 동안만 존경하는 사람, 동경하는 사람이
되어 본다.

7장

1분 만에 답답한
기분이 사라지는
'존 체조™'

인생을 바꾸는 데는
그렇게까지 많은 시간이
필요하지 않다

벌써 여러 번 한 말이지만, 자신에게 내향성이 있다는 사실을 인정한 사람은 행복도가 높아지는 것으로 나타났다. 지금까지 이 책을 읽으면서 내향형이란 어떤 것인지를 이해함으로써 행복도가 높아진 사람도 있을 수 있다. 실제로 나도 이 사실을 알고 큰 힘을 얻었다. 그리고 내향성은 훌륭한 재능 중 하나라고 생각하게 되었다.

이 시점에서 아직도 부정적인 사고를 하는 사람이 있다면, 그것은 내향성과는 전혀 다른 데에 원인이 있다.

그것은 바로 지금까지 여러 번 나왔던 '신경성'이라는 경향이다. 보통 사람보다 부정적인 일에 더 크게 반응하고 통증을 느끼기에 공포 학습이 늘어나고 예전에 잘 안되었다고 생각하는 일도 많아진다. 그리고 과거에 일어난 사실을 인지하여 자신은 잘 안된다는 잘못된 판단을 한다.

또한 신경성과 동시에 '우호성'이 너무 높아도 다른 사람에게 너무 맞추기만 하기 때문에 부정적인 사고가 더욱 강해진다. 상대방이 무언가 나쁜 생각을 하고 있지는 않은지 의심하게 된다.

게다가 '성실성'이 너무 높아도 규칙에 너무 얽매이거나, 자신에게 너무 엄격해서 '자신은 이렇게 해서는 안 된다!' 하고 자신을 비난하다가 더욱 부정적으로 생각하게 된다.

이러한 세 가지 성격 '신경성', '너무 높은 우호성', '너무 높은 성실성'은 태어나면서 가지고 있는 기질도 있지만, 그보다 후천적인 경험을 통해 필요 이상으로 강해진 사람도 많다.

그래서 후천적인 패턴을 리셋하게 되면, 사고방식과 행동이 아이처럼 유연해지거나, 마음이 상당히 편해지는 사람도 있다.

그렇다고는 해도 평범한 일상생활 속에서 한 번 생겨 버린 패턴을 리셋하는 데는 오랜 시간이 걸린다. 당시에는 힘들다고 생각하던 일도 지금 와서 되돌아보면 '그 일이 있었기에 지금이 있다.'라고 생각하게 되는 일도 있는데, 이는 시간을 들여 소거 학습이 일어난 결과다.

그러나 현대에는 성격을 바꾸는 데 그렇게까지 많은 시간이 필요하지 않다.

믿기지 않을 수도 있겠지만, 단 1분 만에 후천적인 기억을 리셋할 수 있는 획기적인 방법을 소개하겠다.

바로 필자가 그동안 15년에 걸쳐 개발한 '존 체조™'다.

이는 눈의 움직임을 이용하여 부정적인 감정을 개선하는 'EMDR'Eye movement desensitization and reprocessing이라는 방법을 토대로 더욱 간단하고 일상생활에 도입하기 쉽도록 개선한 새로운 방법이다.

간단히 말하면, 몸의 움직임을 이용하여 뇌의 패턴을 리셋하는 방법이다.

몸의 움직임으로
뇌의 패턴이 바뀐다

'EMDR'은 본래 제삼자에게 도움을 받는다는 전제하에 개발되어 혼자서 하면 효과가 떨어지는 것으로 알려져 있었다. 다른 사람이 간지럼을 태우면 반응하지만, 스스로 태워 봤자 웃음이 별로 나지 않는 것과 같은 현상이다.

그러나 오랜 연구를 통해 혼자서도 높은 효과를 발휘할 수 있도록 세계 최초로 개발한 것이 '존 체조™'다.

먼저 눈의 움직임을 사용한다. 원래 과거에 발표된 수많은 연구 결과에서도 눈을 좌우로 움직이면 뇌가 움직이며 뇌의 인지를 리셋하는 효과가 존재한다는 사실이 증명되었다.

조금 어려운 말이지만, 정식으로는 '안구운동 민감소실 및 재처리요법'이라고 불린다. 간단히 말하면, 뇌의 패턴을 리셋하여 새로운 과정을 만들어 가는 방법이다. 2021년에 373명을 대상으로 이루어진 7가지 조사 결과를 메타 분석했을 때도 과학적으로 유의미한 효과가 있는 것으로 나타났다.

이번 세트에서 하는 몸의 움직임은 우리 몸의 감각을 활성화하고 사물을 받아들이는 방법을 변화시킨다. 예를 들어, 두 손을 들고 위를 보는 만세 자세로는 부정적인 생각을 하려고 해도 좀처럼 부정적인 생각을 할 수 없다.

인간의 몸이 특정한 움직임을 했을 때의 감정을 뇌가 기억하고 있으며, 특정한 움직임을 하면 감정이 발생하여 뇌의 인지도 바뀌어 버린다.

'존 체조™'의 과정을 따라 하면 후천적으로 몸에 밴 성격의 패턴들이 하나씩 리셋된다. 고전적인 움직임을 이용한 방법으로도 19명 중 16명이 스트레스가 해소되고, 좌뇌 해마의 질량이 증가하며, 좌뇌 시상하부의 회백질이 감소하는 등 뇌에 물리적인 변화가 일어난다. 시선을 좌우로 움직이기만 해도 좌우뇌가 활성화되어 기억력이 좋아지거나 뇌의 상태가 안정되는 것으로 나타났다.

731

지금까지 2,000명이 넘는 사람들에게 소개해 왔으며, 많은 사람이 효과를 실감한 방법이다.

눈을 움직인다는 것이 단순해 보여도 눈은 '마음의 창문'이라고도 불리며, 자신의 감정 상태에 따라 시선이 움직인다는 사실은 예전부터 널리 알려져 있었다.

최근에는 스트레스를 떠올리면서 눈을 움직이기만 해도 의미 기억과 마음의 이론을 관장하는 관자극과 중간이마이랑전전두엽 피질의 일부의 연계가 늘어나며 부정적인 사고를 높은 수준에서 제어할 수 있게 된다는 사실도 밝혀졌다.

더불어 일상생활에서 불필요한 사고가 들어오더라도 배제하는 효과가 있다고 한다.

신경성 등 성격 특성을 낮추는 방법으로는 지금 전 세계에서 가장 신뢰성도 높으며 주목받고 있는 방법이다.

'존 체조™'의
네 가지 단계

'존 체조™'를 하는 방법은 간단하다.

사전 준비 : 바꾸고 싶은 성격을 특정하여 10점 만점으로 점
   수를 매긴다.

먼저 성격 중에 어떤 것을 리셋하고 싶은지 생각해서 하나
를 정한다.
다음에 제시하는 것은 어디까지나 사례다. 자신이 바꾸고
싶은 성격을 생각해 보자.

【바꾸고 싶은 성격(패턴)의 사례】

- 자꾸만 다른 사람의 눈치를 본다.

- 말할 생각을 하면 긴장된다.

- 자신이 어떻게 보일지 불안하다.

- 진지하게 해야 한다(책임이 무겁다).

- 다른 사람에게 맞춰야 한다./미움받는 것이 두렵다·슬프다.

- 다른 사람과 비교하여 침울해진다(질투하게 된다).

- 성과를 내야 한다(결과주의).

- 완벽하게 해내야 한다(완벽주의).

- 특정한 사람을 용서할 수 없다·짜증이 난다(화를 잘 낸다).

- 실패하는 것이 두렵다(신중히 해야 한다/겁쟁이).

- 기분이 나지 않는다(하고 싶지 않다).

- 특정한 일이 잊히지 않는다.

이외에도 일, 연애, 스포츠, 학습, 건강 등에서 느끼는 스트레스와 불편하다는 감각을 다루어도 괜찮다.

'존 체조™' 한 번에 하나의 성격 혹은 성격을 만들어 낸 불편하다는 감각/사고 패턴을 바꿀 수 있다. 우선 가장 바꾸고 싶은 것으로 정해 보기 바란다.

포인트는 "다른 사람에게 말을 걸 수 있는 사람이 되고 싶다."와 같이 이상적인 모습이 아닌 "다른 사람에게 말을 거는 것이 두렵다."와 같이 문제가 되는 성격이나 패턴을 말로 하는 것이다.

그리고 당신은 그 리셋하고 싶은 성격에 대해 통증을 얼마나 느끼는가? '다른 사람에게 말을 거는 것이 두렵다'라는 괴로움은 그 크기가 어느 정도인가?

다른 사람에게 말을 거는 것이 '전혀 두렵지 않은' 상태가 0점이라면, 10점 만점에 몇 점 정도일까? 그냥 이 정도일까 싶은 정도로 괜찮으니, 점수를 매겨 보자.

1단계 : 선 상태에서 주로 쓰는 팔을 똑바로 뻗고 엄지손가락
을 세워 앞으로 내민다.

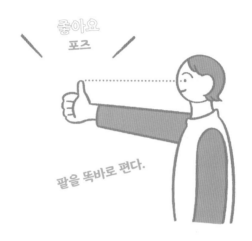

좋아요
포즈

팔을 똑바로 편다.

리셋하고 싶은 성격이 정해지면 체조를 시작한다.

일어서서 한쪽 팔을 눈앞에 수평으로 쭉 뻗는다.

곧게 뻗은 손의 엄지손가락을 들어 올린다. 이른바 '좋아요'
나 '엄지척' 자세다.

2단계 : 똑바로 편 엄지손가락을 응시하며 리셋하고 싶은 성
격을 소리 내어 말하면서 팔을 천천히 크게 두 번 돌
린다(그동안 고개는 움직이지 않고 시선만으로 계속

엄지손가락을 쭉는다. 그동안 고치고 싶은 성격을 계
속 소리 내어 말한다).

    세운 엄지손가락을 가만히 바라보며 의식을 집중하며 리셋
하고 싶은 성격을 소리 내어 말하라. 앞서 든 예로 말하면, "다
른 사람에게 말을 거는 것이 두렵다." 하고 리셋하고 싶은 성
격을 소리 내어 말하면서 팔을 똑바로 펴고 천천히 크게 두 번
돌린다 돌리는 방향은 오른쪽이든 왼쪽이든 상관없다.

    개인차는 있지만, 너무 빨라도 효과가 없으니 5~10초에 걸
쳐 한 번 돌린다는 기준으로 적당한 속도로 돌린다. 그동안 얼
굴은 움직이지 말고 눈으로만 엄지손가락을 따라다니면서 돌
린다.

2번 돌리기

3단계 : 두 번 돌리고 나서 이번에는 반대로 팔을 크게 두 번 돌린다. 그동안 고치고 싶은 성격을 끊임없이 소리 내어 말하면서 엄지손가락의 움직임도 계속해서 쫓는다.

2단계와 마찬가지로 리셋하고 싶은 성격을 복창하면서 팔을 반대 방향으로 천천히 돌린다. 이때도 고개는 움직이지 않고 시선만으로 엄지손가락의 움직임을 따라간다.

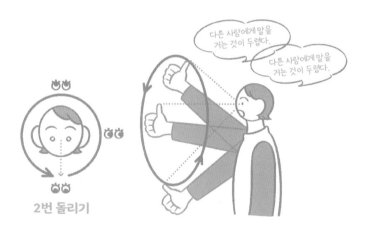

2번 돌리기

4단계 : 엄지손가락을 바로 눈앞으로 가져왔다가 마지막으로
팔을 앞으로 쭉 뻗어 굿 포즈를 취한다.

리셋하고 싶은 성격을 계속해서 소리 내어 말하며 엄지손가락을 자신의 눈앞 5~10cm 정도 거리으로 가져간다. 그리고 엄지손가락을 계속 보면서 그대로 팔을 앞으로 천천히 쭉 뻗으며 마지막에 '굿' 포즈를 취한다. 무심코 마음속으로 '굿!'이라고 외치는 사람도 있다. 여하튼 마지막은 굿 포즈로 마무리한다.

변화 확인 : 1단계 전에 매긴 점수가 몇 점이 되었는가, 다시 10점 만점으로 점수를 매긴다.

마음이 얼마나 변화했는지 똑같이 점수를 매겨 보라. 그러

면 '자꾸만 다른 사람의 눈치를 본다'가 처음에는 10점이었던 사람이 8점이 되거나, 5점이 되거나, 2~1점이 되는 사람도 있다. 사람에 따라 다르게 변화한다.

1점이라도 변화했다면 그것은 대단한 일이다. 겨우 1점일 뿐이라고 생각할 수도 있지만, 일상생활 속에서 1점을 낮추려면 수개월부터 수년도 걸릴 수 있다. 그런 변화가 한순간에 일어나는 것이다.

점수가 낮아진 원인은 소거 학습이 일어났기 때문이라고 생각된다. 즉 '다른 사람의 눈치' = '큰 통증'이었던 기억이 '다른 사람의 눈치' = '중간 정도의 통증' ~ '작은 통증', '통증도 느끼지 않는다' 수준으로 뇌의 패턴이 리셋된 것이다.

지금까지 약 15년에 걸쳐 도움을 주었던 사람들을 관찰하고 있는데, 이 방법을 이용한 본격적인 방법으로 성격을 리셋하면 단 한 번의 체험으로 그 후로 무려 10년 이상 효과가 유지되고 있다.

보통 소거 학습은 직접 물리적으로 새로운 경험을 해야 한다. 그러나 '존 체조™'를 이용하면 새로운 경험을 하지 않아도 단시간에 소기 학습을 한 것과 같은 효과를 얻을 수 있다.

소개한 방법은 어디까지나 입문편이지만, 이를 응용해 가면 어린아이나 스포츠 선수의 집중력과 학습 능력을 높이거나, 공포증이나 불편하다는 감각에 이르기까지 모든 분야의 문제를 개선할 수 있다. 먼저 여기서는 입문편으로써 자신이 개선하고 싶은 성격에 특화된 연습을 해 보길 바란다.

내향적이라고 생각했던 사람이
실은 외향적이었다?

　여기서 '내향성과 성격 리셋'에 대해 더 깊이 이해할 수 있도록 재미있는 사례를 소개하겠다.

　필자는 강연회 등에 나가서 수많은 사람을 만나는데, 어느 날 대기업에 다니던 남성이 "내향적인 성격을 바꾸고 싶어요."라고 말했다. "항상 다른 사람 눈치만 보고, 그런 제가 싫어요."라는 이야기였다.

　그런데 조사해 보니 그 사람은 '내향적'이 아닌 '외향형'이라는 사실을 알게 되었다.

　그는 도시를 동경하여 시골에서 상경하여 프렌치 레스토랑과 이탈리안 레스토랑 등 고급 음식점을 선호하며 패션에도 돈을 들이는 편이었다. 상승 지향이 강하고, 언젠가 회사의 임원이 되고 싶다고 말했다. 외적 보상에 큰 쾌감을 느끼는 유형으로, 확실히 외향성의 특징을 가지고 있었다.

본인도 깜짝 놀랐지만, 이 남성이 다른 사람의 눈치를 보게 된 원인은 결코 내향적이어서 아니라 다른 성격이 원인이었다.

바로 '우호성'과 '성실성'의 두 가지 성격이 너무 높았던 것이다. 즉, 다른 사람에게 맞추어야 한다는 생각과 상대방의 기대에 반드시 부응해야 한다는 생각에 얽매인 데다 다른 사람들 앞에서 완벽한 자신을 연기하고 있었던 모양이다.

해외 연구 결과에서도 성실성이 너무 높으면 부정적인 영향을 미치는 것으로 보고되었다. 무슨 일이든 지나치면 좋지 않으며, 적당한 균형이 중요하다.

게다가 그는 다른 사람에게 기대받으면 머릿속이 무겁고 어두운 회색으로 바뀌며 기분도 가라앉는다고 말했다.

그래서 그에게 "완벽하게 해야 한다.", "완벽하게 해야 한다."라고 말하면서 '존 체조™'를 하도록 지시했다. 그러자 체조를 마친 후에 완벽하게 해야 한다의 점수가 10점에서 무려 2점으로 바뀌었다.

게다가 머릿속도 회색이 아닌 밝은 흰색으로 바뀌었다고
한다.

예전에는 '완벽하게 해야 한다.'라고 생각하면 어깨에 힘이
들어가고 미간에 주름이 잡혔는데, 체조를 하고 난 후에는 그
말을 해도 매우 평온한 기분이 들었다고 한다.

그날 이후 일을 할 때도 긴장을 풀게 되어 오히려 일의 효율
이 높아졌다.

다른 사람에 대해서도 완벽을 추구하지 않게 되어 인간관계
에서도 스트레스를 받지 않게 되었다고 한다.

다른 날 '다른 사람에게 맞추어야 한다.'라는 주제로 '존 체
조™'를 했는데, 덕분에 그 이후로 사람들에게 지나치게 신경
쓰는 일이 없어졌다.

다른 사람 생각만 해도 머릿속이 회색빛이 되던 그가 이제
는 사람들과 이야기하면 즐거운 데다 머릿속이 마치 태양처럼
눈 부신 노란색 빛으로 빛나는 듯한 느낌이 든다고 한다.

그 후로도 계속 다른 사람과의 대화를 즐기는 삶을 사는 모
양이다.

이번에는 어디까지나 '존 체조™'의 입문편을 다루었지만,

응용할 방법은 무궁무진하다. 먼저 가벼운 것부터 해 보면 효과를 실감하기가 더욱 쉬워진다.

우리의 성격과 사고방식은 모두 지금까지 살아온 '기억의 집합체'다. 만약 평소에 생활하다 불편하다는 감각이 드는 상황이 있다면, 거기에는 반드시 통증 기억이 존재한다.

만약 모든 통증 기억이 리셋된다면, 도대체 어떻게 될지 상상해 보자.

그것이 우리 본연의 모습이다. 편안하고 자연체인데도 어쩐지 내부에서 강한 에너지를 내뿜는 자신이 존재하는 그런 상태에 머지않아 놀랄 때가 찾아올지도 모른다.

'존 체조™'의 보충

'존 체조™'를 해 보니 어떠했는가?

물론 변화의 질에는 개인차가 있다. 가끔 "잘 모르겠어요."라고 하는 사람도 있다. 점수도 주관적이기 때문에 실제로는 변화했어도 개인적인 감각으로는 변화하지 않는 것처럼 느껴질 수도 있다. 그러나 다른 사람이 보면 분명히 성격이 바뀌었음을 알 수 있는 경우도 있다.

수많은 사례를 경험해 오면서 알아낸 '변화를 느끼기 어려운' 경우의 원인 몇 가지를 소개하겠다.

원인 1 | 너무 진지하게 하고 있을 가능성

우리의 뇌는 너무 진지하게 하면 스트레스가 발생하여 충분히 활성화되지 않고 변화가 촉진되기 어렵다. 진지해지면 뇌에 글루탐산이 쌓이면서 성능이 떨어지게 된다. 머리와 어깨에서 힘을 빼고 편안한 상태에서 효과를 발휘하기가 더욱 쉬워진다. 우선은 자신이 너무 진지하게 하고 있지는 않은지 확인해 보자.

원인 2 | 선입견에 얽매여 작은 변화를 눈치채지 못했을 가능성

이것도 흔한 패턴인데, '변화' = '큰 것이다'라는 이미지가 있는 사람이 있다. '변화는 큰 것이다'라는 편향이 있으면 큰 것만 변화로 느껴지기 때문에 작은 변화에 눈길이 가지 않는 경우가 있다. 결과주의, 성과주의인 사람에게서 흔히 볼 수 있다. 나도 예전에는 큰 것만 추구하며 행복을 느끼지 못하는 사람이었지만, 작은 것에도 행복이 있다는 사실을 깨닫고 나서는 행복을 느끼는 빈도가 더 늘었다.

전부 먹어 치울 생각만 하면서 정신없이 엄청난 속도로 먹는 것이 아니라 먹는 과정을 즐길 수 있는 사람은 작은 변화도 알아차리기 쉬운 경향이 있다.

원인 3 | '통증'의 수준이 클 가능성

리셋하고 싶은 성격이나 스트레스의 '통증'이 너무 커서 변화를 알아차리기 어려운 경우도 있다. 과거의 경험이 큰 트라우마처럼 된 경우 '통증'이 10점은커녕 100점, 1,000점 수준으로 커져 버린 사람도 있다. 100점의 통증이 97점이 되어도 통증은 여전히 크기에 자신의 변화를 알아차리기 어려운 경우다. 이런 경우에는 시간을 두고

여러 번 반복하며 '존 체조™'를 하다 보면 통증의 크기가 확실히 줄어들 수 있다.

원인 4 | 표면적인 문제를 다루고 있을 가능성

'이런 내가 싫어.'라고 생각한다면 '왜 자신을 싫다고 생각하는가?' 그 이유까지 파고들면, 더욱 깊은 효과를 얻을 수 있다.

예를 들어, '고압적인 사람 앞에서 자신의 의견을 말할 수 없게 된다.'라는 고민이 있다고 하자. 이 경우 '왜 의견을 말할 수 없게 되는가?'를 생각하면 '공격당하는 것이 두렵다.'라는 본질적인 원인을 발견하게 되는 경우가 있다. 이때는 "공격당하는 것이 두렵다."고 말하면서 '존 체조™'를 하면 더 큰 효과를 발휘하기도 한다.

원인 5 | 과정 자체가 제대로 기능하고 있지 않을 가능성

제대로 하고 있다고 생각해도 잘못된 방법으로 하는 경우가 있다. 올바른 방법으로 하지 않으면 아무리 해도 뇌 속에서 올바른 과정이 일어나지 않는다.

● 팔은 곧게 뻗었는가?

● 팔을 돌릴 때 눈뿐만 아니라 고개도 함께 움직이지 않았는가?

● 돌리는 속도가 너무 빨라서 시선이 따라가지 못하고 있지는

  않은가?

● 소리 내어 말하고 있는가?

● 앉아서 하고 있지는 않은가?

● 하루에 너무 많이 하지는 않았는가?

● 게임을 하는 느낌으로 편안한 마음으로 하고 있는가?

● 애초에 '변하고 싶지 않다.'라고 생각하고 있지는 않은가?

여하튼 변화를 느끼기 어려운 경우에는 어떤 원인이 있을 수 있다. 특히 과거의 경험을 통해 '변화하는 것이 두렵다.', '나는 변화할 수 없다.'라고 생각하는 사람은 변화하기 어려운 것으로 드러났다.

그리고 '존 체조™'를 짧은 시간 내에 몇 번이나 하는 사람이 있는데, 너무 과하면 뇌가 움직임을 예상하게 되어 효과가 떨어지는 경우도 있다. 따라서 하루에 최대 2회 정도를 기준으로 하자. 계속하다 보면 고민되던 것들이 서서히 변화하는 것을 느끼게 된다.

'이런 것을 한다고 정말 변할까?' 그런 생각이 들 수도 있다. 나도 과학자로서 똑같은 의문을 느낀 사람 중 한 명이다.

하지만 오랜 세월 이 일을 해 오면서 사람은 의외로 큰일이 아닌 작은 일에 많이 바뀐다고 생각하게 되었다. 각도가 단 1도만 바뀌면 그 후에 시간이 지날수록 인생의 각도가 점점 더 커진다. 작은 일을 하는 것은 돌아가는 길처럼 보이지만, 결과적으로는 성격을 바꾸는 가장 빠른 길이다.

아무리 작아도 올바른 방법을 쌓아 가면 어느 순간 문득 '다른 사람과 이야기하는 것이 두렵지 않게 된 자신', '상대의 눈치를 보지 않게 된 자신', '자신의 기분을 소중히 여기게 된 자신'을 발견하고 놀라는 순간이 있을지도 모른다.

나는 서른 살의 나이에 난치병을 선고받았다.

당시 일본에 환자가 100명밖에 없는 면역 질환으로, 처음 들었을 때는 눈앞이 캄캄해졌다.

솔직히 인생을 포기해야겠다고 생각했다.

그것을 붙잡아 준 것이 당시 결혼한 지 3개월째였던 아내의 존재였다.

지금도 잊을 수 없는데, 그녀는 매일 아침 병원에 병문안을 와서 내 손을 잡고 이렇게 말해 주었다.

"꼭 나을 거야."

짧은 말이었지만 손의 따뜻한 온기와 함께 내 마음속에도 커다란 무언가가 흘러들어오는 느낌을 받았다.

이때 갑자기 나의 어렸을 적 영상이 되살아났다.

내가 아직 어렸을 때는 풍요로운 자연 속에서 자라며 보는 것마다 신선하고 호기심이 넘쳤다. 이웃 아이들과 아무 걱정 없이 놀았다. 이렇게 행복한 시절이 있었구나 싶을 정도로 하루하루에 충실했다.

그러나 사람이란 참으로 슬픈 존재다. 어느샌가 입시를 치르고 대학에 진학하고 경쟁 사회에 휘말려 늘 이상만을 좇는 나날. 그리고 인간관계에도 지쳐 고독하고 혼자 있고 싶다고 생각하는 일도 많았다.

하지만 나는 이 순간 보고 말았다. 이렇게 행복했던 어린 나. 나는 본래 이런 존재였다. 다시 이렇게 되고 싶다. 아내의 따뜻한 말로 진정한 자신의 마음을 깨달을 수 있었다.

그로부터 3년의 세월이 흘렀다.

투병 생활은 이어지고 있었지만 '면역 질환은 스트레스가 만들어 낸다'는 획기적인 논문을 접하게 되었다.

당시 자신의 성격이 싫었던 나는 스트레스투성이였다. 병을 고치려면 이 스트레스를 만들어 내고 있는 '성격 그 자체'를 개선해야 한다고 확신했다. 그리고 뇌를 연구하며 도달한 곳이 그동안 개발해 온 80가지가 넘는 성격 리셋 방법이었다.

철저하게 스트레스를 만들어 내는 성격을 하나씩 리셋하자 반년이 지났을 무렵 나의 병은 사라졌다.
스트레스가 없어지면서 병도 자연스럽게 사라진 것이다. 무척이나 감동했다.

지금 나는 평생에 걸쳐 내가 해야 할 일로서 이 방법을 많은 사람에게 전하면서 사회에 공헌하는 활동을 하고 있다. 나 자신도 인생을 한 번 포기할 뻔한 사람이었지만, 이렇게 건강해진 데에는 과학자로서 무언가 해야 할 역할이 있어서가 아닌가 하는 생각이 든다.

우리는 변화하려면 큰일을 해야 한다고만 생각했을지 모르지만, 절대 그렇지 않다.

내향성을 인정한다, 환경을 바꾼다, 행동을 바꾼다, 어울리는 사람을 바꾼다, 눈의 움직임을 바꾸어 본다, 이처럼 매일의 작은 일이 우리를 미지의 세계로 초대해 주기도 한다.

앞으로 이러한 최신 내용을 많은 사람에게 알리는 활동에 주력해 갈 생각이다.

사람에게는 무한한 가능성이 잠들어 있다고 하는데, 과학 현장에서 많은 일을 겪다 보면 정말 맞는 말이라는 생각이 든다. 사람과 지식, 사람과 사람의 훌륭한 만남이 아이와 운동선수, 경영자에 이르기까지 많은 사람을 크게 바꾼다.

성격과 인생은 바꿀 수 있다. 성격에는 재능을 뛰어넘는 대단한 힘이 있다. 우선은 당신 자신에게 걸린 마법을 풀기 바란다. 그리고 그 경험을 한 사람이라도 더 많은 사람에게 널리 알려 주면 기쁠 따름이다.

뇌과학자 니시 다케유키